EL PUNK

EL PUNK

ELOY PÉREZ LADAGA
EDUARDO IZQUIERDO

MA
NON
TROPPO

© 2018, Eloy Pérez Ladaga / Eduardo Izquierdo Cabrera
© 2018, Redbook Ediciones, s. l., Barcelona
Diseño de interior: David Saavedra
Diseño de cubierta: Regina Richling

ISBN: 978-84-948799-3-7
Depósito legal: B-22.626-2018

Impreso por Sagrafic, Pasaje Carsi, 6 08025 Barcelona
Impreso en España - *Printed in Spain*

Índice

INTRODUCCIÓN

El punk, como género musical y como movimiento sociocultural ha sido, y lamentablemente sigue siendo más de cuatro décadas después de su nacimiento, uno de los fenómenos más incomprendidos e injustamente denostados del siglo xx. En lo musical por parte de un público, el rockero, que en muchas ocasiones lo despacha con una mezcla de superioridad y desdén, considerándolo un estilo menor, sucio y ruidoso y sin apenas valía artística. En lo cultural, tres cuartos de lo mismo. Apenas cuatro tópicos mal digeridos y peor regurgitados, reduciendo el punk a vergonzosos lugares comunes e ignorando (por desconocimiento o por prepotencia) el valor y la impronta de una subcultura sin la cual no sería posible entender parte de la música y la sociedad de finales del siglo pasado.

Una galopante miopía a la que, también hay que reconocerlo, han contribuido ciertos grupúsculos dentro del mismo movimiento, llevando la anarquía, el nihilismo y demás postulados iniciales a extremos caricaturescos, de igual modo que la filosofía del «hazlo tú mismo» y la máxima de que no es necesario ser un virtuoso para tener una banda han desembocado, algunas veces, en combos absolutamente infumables. Porque sí, es cierto que el punk dijo bien alto y claro desde el principio que «no hace falta tener pasta, no hace falta tener una gran compañía detrás, no hace falta ni siquiera saber tocar un instrumento para hacer rock'n'roll». Pero de ahí a facturar una soberana basura tras otra con la muletilla del «es que somos muy punks», hay un trecho.

Sea como fuere, los artistas protagonistas de esta guía han pasado la criba (y, como siempre, otros se han tenido que quedar fuera, espacio obliga); una criba que no ha sido fácil en absoluto, pero que los autores creen que sirve tanto de perfecta introducción como de esporádica consulta para todos aquellos interesados en el género. Buscando en el árbol genealógico a los abuelos del invento, deteniéndose de forma obligada tanto en el *big bang* del 77 como en la escena hardcore norteamericana, hurgando en los subestilos y, por supuesto, añadiendo al conjunto aquellos nombres tanto españoles como latinoamericanos que ayudan a completar el plato, tanto Eduardo Izquierdo como Eloy Pérez Ladaga sabían lo que se hacían, pues no era la primera vez. Autor el primero de la *Guía del Country Rock*, y de la *Guía del Rock Progresivo* el segundo, ambos en esta misma colección, la idea de facturar a medias una guía del punk rock les pareció interesante, motivadora y divertida.

¿Un vaquero sin espuelas y un listillo gafotas escribiendo sobre punk?, pensarán ustedes, tal vez un tanto escépticos. Dicho así puede sonar extraño, no puede negarse. Pero en primer lugar ambos han sido siempre fans de innumerables bandas punk. Tienen cientos de discos y han acudido a docenas de conciertos del estilo. Ambos extremos, por cierto, pueden certificarlos ante notario si fuera menester.

Y, por otro lado, pensaron que era una buena manera de pasar por encima de los prejuicios y desterrar ideas preconcebidas. Porque están convencidos de que, aunque nadie está obligado –obviamente– a que le gusten todos los hijos que ha tenido mamá rock, despreciar o ignorar algunos de ellos sin una razón de peso es una verdadera lástima.

Un despropósito incluso.

No sólo como críticos y escritores sino como melómanos, los autores afirman que el mundo del punk, para cualquiera a quien le guste el rock clásico, debería ser peaje obligatorio. Por propio disfrute personal, por supuesto, pero también porque ni la historia del rock ni su evolución pueden entenderse, de ninguna de las maneras, sin nombres como The Stooges, The Clash, Sex Pistols, Ramones, Fugazi, Sick of It All, Black Flag, Heartbreakers, The Dictators, Misfits y tantos y tantos otros.

Así que para entender qué fue y qué es el punk, de dónde salió y por qué, cómo creció y se reprodujo y qué artistas y discos hay que conocer y escuchar antes de quedarnos todos demasiado cegatos o demasiado sordos, sigan adelante.

Y agárrense, que vienen curvas…

HISTORIA DEL PUNK

El punk fue una reacción. Fue el grito desencantado de una generación aburrida y cabreada con una sociedad en la que el desempleo y la falta de expectativas eran el pan de cada día. Y con una industria, la musical, que había convertido el rock, música rebelde por antonomasia en la segunda mitad de siglo, en algo insulso y acomodaticio, pomposo y grandilocuente, ridículamente domesticado. Castrado, de hecho.

Se ha repetido hasta el hartazgo que nació como respuesta a esa situación, y parte de verdad hay en ello. Pero pocas veces se incide en un hecho fundamental, y es que no fue tanto una reacción a la música que dominaba los *charts per se*, cuanto a su declive, a su lenta e inexorable agonía por agotamiento de fórmulas e inspiración. La primera mitad de los setenta fue una época tremendamente fértil, ubérrima en bandas y estilos y con una producción discográfica saturada de obras maestras. Negar tal realidad no sólo es de ignorantes, sino de necios. Pero ese periodo mágico entre finales de los sesenta y la primera mitad de los setenta fue perdiendo fuelle paulatinamente. En 1976 la inmensa mayoría de los artistas hasta entonces intocables habían entregado ya sus mejores trabajos y empezaban a ofrecer síntomas de repetición, de agotamiento. Sus discos eran cada vez más mediocres, sus espectáculos cada vez más pedantes y sus cuentas cada vez más abultadas. Los dinosaurios languidecían, hundiéndose en ciénagas que emanaban acomodo, pretenciosidad y pestilentes vapores jurásicos, renunciando al riesgo y la experimentación que los había caracterizado no tanto tiempo atrás.

Así que contra lo que reaccionó el punk no fue sólo contra los solos interminables, sino contra los solos interminables que eran una mierda. No contra las canciones de quince minutos, sino contra las canciones de quince minutos que eran una mierda. Y no contra los artistas millonarios, sino contra los artistas millonarios que ya llevaban tiempo viviendo del cuento.

Pero antes de llegar al epicentro de la reacción, a su año cero, escarbemos en los orígenes del término y en aquellos artistas que pusieron los cimientos para lo que años después habría de llegar.

¿Quién fue el primero que dijo «punk»?

Garage y Beat en los sesenta

Los primeros documentos en los que puede rastrearse el término de marras hacen referencia a las bandas de garage estadounidenses de los años sesenta. Los historiadores discuten si fue Dave Marsh, editor de la revista *Creem* hablando de ? and the Mysterians, o tal vez algún otro escribiendo sobre los Sonics, los Monks o 13th Floor Elevators. ¿Importa realmente? Lo relevante, en cualquier caso, es constatar que de ese garage cargado de fuzz y de sus básicas, esquemáticas estructuras de acordes –así como de su renuncia a alinearse con la contracultura «oficial» del momento– se deriva en buena parte el espíritu *amateur* y la falta de complejos que habría de definir el punk años más tarde. Un protopunk, pues, cuya semilla germinó a finales de la década en un enclave muy concreto: Detroit. La ciudad del motor vería nacer, entre otros, dos nombres fundamentales sin los cuales buena parte de este tinglado no hubiera sido lo mismo: The Stooges y MC5. Abrasivos e impredecibles los primeros, social y políticamente combativos los segundos, sus catárticas ceremonias en directo y sus debuts discográficos –ambos en 1969– son cimientos indiscutibles del futuro punk rock. Las arengas de Rob Tyner y Wayne Kramer al frente de MC5 y la virulenta, casi suicida figura de Iggy en los Stooges patearon la conciencia y la entrepierna de un público que estaba a punto de descubrir que la utopía hippy se iba por el desagüe a velocidad de vértigo.

Destinados a abrir camino y, por ende, quemarse pronto, ambas bandas verían un tercero en discordia colarse en las primeras páginas del relato. En la Gran Manzana, concretamente en 1971, nacían los New York Dolls. Y si desde mediados de los sesenta ya reinaba en la ciudad otro de los nombres protopunk por excelencia –la Velvet Underground de Lou Reed y John Cale–, los Dolls renunciaron a la siniestra elegancia y las ínfulas *arty* de los ahijados de Warhol para diseñar un cabaret chabacano y travestido cuyos guitarrazos desconstruían los riffs de Chuck Berry previamente afanados por los Stones. Un caldo de cultivo que llegaría al óptimo punto de ebullición en las cocinas de un antro del Bowery a mediados de década.

Las noches del CBGB
Nueva York, 1974-1976

Si desde principios de los setenta buena parte del rock *underground* neoyorkino orbitaba alrededor del Mercer Arts Center de Greenwich Village, un
espacio que acogía exposiciones y actuaciones de distintas disciplinas, cuando éste cerró sus puertas en agosto de 1973, dejó a docenas de artistas huérfanos de un local donde tocar. Fue entonces cuando Hilly Kristal, el dueño
de un antiguo bar del East Village llamado CBGB (Country, BlueGrass, and
Blues), que había empezado a programar un par de bandas de rock residentes
un par de días a la semana, abrió sus puertas a toda una serie de nombres que
darían sus primeros pasos sobre el pequeño escenario del local. Nombres
como Blondie, Mink DeVille, Heartbreakers, Dead Boys, Ramones, Television, Patti Smith Group o Talking Heads.

Una hornada heterogénea, con notables diferencias en lo musical entre
unas y otras pero con una serie de constantes compartidas –música directa,
rápida y sencilla, actitud independiente y una primigenia ética del *do it yourself*– que hizo que el término *punk* se adjudicara a la escena como conjunto y
no a un estilo musical concreto.

Entre las paredes del CBGB fue donde los Ramones dieron su primer
concierto, donde Richard Hell, primer bajista de Television, ayudó a establecer una de las imágenes icónicas del género con su pelo de punta y sus
camisetas rotas y donde se gestó, en definitiva, el primer punk como tal.

Pero no sólo en Nueva York se cocía algo. Bandas como DMZ en Boston, The Suicide Commandos en Minneapolis o Crime y The Nuns en San Francisco tal vez no alcanzarían la repercusión mediática de la escena neoyorkina, pero sin duda ayudaron a que esa música anárquica y ruidosa tomara cada vez más cuerpo.

En cualquier caso, si los yanquis abrieron camino, al otro lado del charco los súbditos de su graciosa majestad no estaban precisamente en la inopia. Desde principios de década el pub rock capitaneado por Dr. Feelgood pugnaba por devolver el rock'n'roll y el R&B a las salas de menor aforo, a los clubs y los pubs, reaccionando contra los excesos del progresivo y el glam y preparando en cierto modo el camino a los cachorros del punk, aunque desde una perspectiva más respetuosa con las raíces. Siguiendo ese ejemplo por un lado y tomando las noticias que llegaban de allende los mares por otro, hacia 1975 en Inglaterra ya habían empezado a brotar grupos (muy) jóvenes como setas.

Malcolm McLaren, chico listo
Londres, 1975-1979

En mayo de 1975 y tras haber ejercido de mánager de los New York Dolls en su última etapa, un joven británico llamado Malcolm McLaren cogía un vuelo y volvía a la tienda de ropa alternativa que desde el año anterior regentaba en el 430 de King's Road con una idea recurrente en la cabeza: establecer en Inglaterra un trasunto de lo que había visto en el CBGB. Y así, reclutando a un par de músicos a los que ya había representado antes y fichando a un mocoso que perdía las horas merodeando por su tienda creó el monstruo perfecto. Recuperando la chulería, la energía y el componente rebelde del rock'n'roll de los años cincuenta y rebozándolas en un sonido y una actitud chirriantes y cochambrosas, los Sex Pistols era lo que necesitaba el rock en aquel momento.

Y todo aquel que en el Reino Unido tenía una banda o estaba pensando en formar una pero no tenía ni puñetera idea de por dónde empezar, salía de sus conciertos durante 1976 como si de una misa pagana se tratara, con la verdad revelada. Entre esas primeras audiencias había un fiel y bullicioso grupo de incondicionales conocidos como The Bromley Contingent, que muy pronto se darían cuenta de que ellos también podían hacer lo que estaban viendo sobre las tablas. Y así, en menos de un año, muchos de los integrantes de The Bromley Contingent ya habían creado una gran parte de la escena punk

londinense, incluidos The Clash, The
Slits, Siouxsie & The Banshees, Generation X y X-Ray Spex.

Volviendo a los Pistols, aunque se
les adelantaron –por semanas– unos
paisanos a la hora de debutar en vinilo (The Damned con el siete pulgadas «New Rose»), el lanzamiento de
«Anarchy in the UK» en noviembre,
el famoso escándalo en la BBC y su
elepé *Never Mind the Bollocks* al año siguiente fueron los puntales sobre los
que se asentó 1977, el año en que el
punk asoló el Reino Unido y parte del
continente.

Con John Peel y sus Sessions como
inestimable ayuda, y con las *majors*
husmeando negocio pero recelosas
ante unos artistas que, en su mayoría, eran difíciles de manejar, por decirlo
suavemente, la inmensa mayoría de las bandas punk no llegarían con vida a
los ochenta. Los mejores singles y discos verían la luz entre 1977 y 1979, un
trienio demoledor en el que el punk se devoró a sí mismo, consumiéndose en
su propia efervescencia. Las drogas, las broncas y la incapacidad, en muchos
casos, de llevar adelante una carrera musical con una mínima profesionalidad
mandaron a la cuneta a más de tres cuartos de la escena antes de 1980.

Y mientras otros movimientos que se habían gestado y coexistido con
el punk como la new wave o el incipiente afterpunk tomarían el relevo, con
sólo unos pocos supervivientes –Richard Hell, Johnny Thunders, los Ramones y la segunda ola del punk (la llamada UK82) con GBH, The Exploited
y Discharge a la cabeza– manteniendo las esencias, en Estados Unidos unas
huestes hasta aquel momento semiagazapadas saldrían de su escondrijo y rei-
narían a lo largo de la siguiente década llevando el punk primigenio a nuevas
cotas de rapidez, agresividad y compromiso político.

Citius, altius, fortius
El hardcore estadounidense en los ochenta

Hacia finales de 1978 y principios de 1979, en diversos puntos de Estados Unidos –con un primer epicentro en el sur de California– empezó a surgir una variante del punk que no tardaría en ser conocida como hardcore punk. Tomando las enseñanzas recibidas hasta el momento, los cachorros del hardcore aceleraron los tempos, saturaron las guitarras y despreciaron mayormente la melodía en favor del grito como arma vocal. Black Flag, Bad Brains, Dead Kennedys, Zeke, Circle Jerks, T.S.O.L, Cro-Mags, Minor Threat, Agnostic Front, Minutemen, Sick of It All, Suicidal Tendencies, Hüsker Dü y un largo etcétera, cada uno con sus peculiaridades, harían del hardcore la corriente punk mayoritaria en la América de la era Reagan. Una época extremadamente reaccionaria, en la que la juventud estadounidense tomó su propia versión del punk para despotricar contra la política del Estado.

Del hardcore a lo largo de los ochenta se irían derivando multitud de subgéneros como el hardcore melódico (con bandas multiventas como NOFX, The Offspring o los padres del invento, Bad Religion), el grindcore, el trashcore, el crossover trash, el posthardcore y un par de docenas más, normalmente reductos marginales, en lo musical, del género madre.

Hacia el final de la década muchos de los grandes nombres del hardcore ya se habían disuelto o formaban otros proyectos. Algunos continuaron adelante incluso hasta el día de hoy, pero con el cambio a los noventa una nueva generación, la del grunge y el rock alternativo (que tomó no pocos elementos del punk y el hardcore, ahí está el riot grrrl para demostrarlo) estaba llamando a la puerta. Pero esa es otra historia…

A partir del *boom* de Seattle el punk pasaría a integrarse como elemento accesorio a muchas de las bandas de la era alternativa, pero como movimiento musical ya no lograría la cohesión y la unidad (dentro del caos que siempre fue) que sí había tenido hasta entonces. Nuevas bandas de punk surgirían de finales de los ochenta en adelante, grandes nombres como The Streetwalkin' Cheetahs, Rancid, Fugazi, Green Day, Anti-Flag, D Generation…hasta llegar a los actuales Refused, Rise Against, Gallows o The Bronx, la mayoría huérfanos de una escena concreta que los aglutine, pero sustentando su música de forma inequívoca en los esquemas que el punk primigenio había dejado establecidos como dogmas. Practicando una música que nació para derribar lo establecido, lo aparentemente inamovible y que, aunque esconda una cierta paradoja, ha terminado convirtiéndose en un género tan clásico como el blues, el country o el rock progresivo.

CODA

Trapitos, accesorios y manifiestos

Contrariamente a la creencia popular (tantas veces ignorante sobre lo que postula), el punk tuvo y sigue teniendo su propia filosofía, así como unos códigos estéticos no pocas veces reducidos a cuatro tópicos para fácil digestión del vulgo.

Se tiene por cierto, desde ciertos sectores –algunos incluso internos– que un movimiento como el que nos ocupa habría de carecer de postulados más allá de una rebeldía descerebrada y un nihilismo de postal, pero nada más lejos de la realidad.

El punk tuvo una ideología interna que se basaba en tres conceptos básicos: el «hazlo tú mismo» (DIY por Do It Yourself), un cuestionamiento general de lo establecido y un rechazo frontal a la moda entendida como elemento alienante.

Desde el DIY muchos de los artistas punk consiguieron pasar por encima de las grandes compañías discográficas, financiándose ellos mismos sesiones de estudio y primeras tiradas de sus discos, encargándose los propios músicos de la promoción y la publicidad, una actitud revolucionaria en cuanto hasta ese momento una banda sin un contrato y una *major* detrás lo tenía más bien crudo para darse a conocer.

El cuestionamiento del establishment vino de la mano de una actitud combativa y unas temáticas políticas en sus letras que se diferenciaban del folk y el rock más contestatario por su carácter mucho más directo y agresivo. Ni metáforas ni historias, vamos. Directos al grano, denunciando con nombres y apellidos. Mayoritariamente escorados hacia la izquierda, con no pocas simpatías por el anarquismo, la verdad es que tampoco faltaron punks reaccionarios y hasta de extrema derecha, cubriendo prácticamente todo el espectro político de un extremo a otro.

Y por último el rechazo al consumismo y la cultura de masas se vio reflejado en un rabioso sentido del individualismo, intención inicial que pronto se vio desvirtuada por la uniformización estilística fruto de una comercialización de su estética, así como por las tentaciones en forma de suculentos cheques que ciertas bandas vieron aterrizar en sus mesas. No fueron pocos los que se bajaron del barco cuando se dieron cuenta de que lo que en un principio era una exaltación de la individualidad y del pensamiento crítico se convertía en otra moda más, vampirizada por la propia sociedad que intentaban combatir, banalizada y desprovista de la anarquía propuesta en origen.

Obviamente no pocos punks (artistas y público) siguieron fieles a los postulados iniciales, pero el movimiento en sí fue presa, más pronto que tarde, de sus propias contradicciones y debilidades.

Respecto a la estética, hasta las abuelas de la plaza del mercado en pueblos con cuatro cabras saben que un punki es un zagal más bien guarrete, cargado de metralla, con indumentaria de destripaterrones y una cresta como la del gallo del corral del Venancio. Ésa es la imagen que ha quedado para los registros, una caricatura parcial, sesgadísima, de tan sólo una cierta estética (la más llamativa, obviamente) de lo que fue algo mucho más amplio y heterogéneo. Cierto es que lo que inventó Richard Hell en los tiempos del CBGB (camisetas a jirones enganchadas por imperdibles, pelos electrizados y un aspecto general de derribo), magnificado luego por iconos como Sid Vicious, The Exploited y demás parentela, puede quedar como lo más icónico, pero basta efectuar un rápido repaso a los artistas que protagonizan esta guía para ver que –siempre dentro de unos parámetros, ejem, informales– entre ellos hubo y hay de todo.

Incluso algún que otro traje con corbata estrecha, no se vayan a creer.

GUÍA DE ARTISTAS

A

THE ADICTS

Mis queridos drugos

1975

Ipswich, Suffolk, Inglaterra

Empezando su trayectoria a finales de 1975 como Afterbirth & The Pinz, no tardaron Keith *Monkey* Warren y sus compinches en darse cuenta de que el nombre escogido no era un prodigio del *marketing* y lo cambiaron prontamente al mucho más pegadizo The Adicts.

Curiosamente sobrevolaron los años duros del punk sin dejar huella impresa, y no fue hasta 1979 cuando debutaron con el EP *Lunch with the Adicts*, al que siguieron un par de singles (inéditos hasta ser incluidos en la antología *This Is Your Life* en 1984) y al fin, en 1981, un elepé de debut que se puede contar entre lo mejor de la década: *Songs of Praise*. Editado en su propio sello Dwed Wecords, al año siguiente fue reeditado por Fallout, quienes publicaron asimismo su primer single «Viva la Revolution», imperecedero himno donde los haya. Un segundo disco –*Sound of Music* (1982)– con Razor Records y sobre todo el single «Bad Boy» al año siguiente (su mejor número en listas hasta el momento) les consigue un contrato con Sire, filial de Warner, para la que grabarían apenas un par de sencillos –cambiándose el nombre momentáneamente a ADX por presiones de la compañía– antes de volver a Razor para su siguiente elepé.

Smart Alex (1985), el EP *Bar Room Bop* y *Fifth Overture* (1986) siguieron granjeándoles seguidores, adictos a su potente y melódico concepto del punk, desprovisto de lastre nihilista en sus armonías, perfectas para corear apurando la última pinta antes de que cierre el pub. Seguirá un periodo de inactividad hasta la edición en 1992 de *Twenty-Seven*, un quinto trabajo tras el cual vuelven a desaparecer durante una década hasta regresar con *Rise and Shine*, publicado por Captain Oi!, quienes reeditarían su catálogo anterior en versiones extendidas. *Rollercoaster* (2004) y una nueva versión, regrabada, de su debut coincidiendo con el 25 aniversario del mismo en 2008, fueron sus siguientes esfuerzos.

Desde entonces The Adicts se han mantenido activos –como siempre, de hecho, pues pese a sus parones nunca llegaron a separarse oficialmente– con tres discos más (el último *and It Was So!*, en 2017) y conciertos por distintas latitudes.

Y es que siendo como son una *rara avis* en el género, empezando por varias de sus peculiares intros (gongs, música oriental o circense, violines…) y sus diversos trucos escénicos y terminando por su peculiar imagen, extraída directamente de los drugos de Alex en *La Naranja Mecánica* (1971), su talento para producir canciones que enganchan a la primera escucha sigue intacta, así como su capacidad para, sobre un escenario, seguir reclutando jóvenes seguidores.

THE ADOLESCENTS
Eterna juventud
1980-1981, 1986-1989, 2001-presente
Fullerton, California

Tres etapas comprende la carrera de The Adolescents. La primera se mueve entre su año de creación y 1981. La siguiente entre 1986 y 1989, y la última desde 2001 hasta la actualidad. Ellos fueron otros de los pioneros de la escena punk hardcore californiana y entre sus filas contaban con miembros de bandas como Social Distortion, The Detours o Agent

Orange. De hecho, el grupo se forma cuando Steve Soto abandona a los segundos porque su líder, Mike Palm, no le permite participar en la composición de las canciones. El joven también había entablado amistad en el instituto con Tony Brandenburg, luego convertido en Tony Reflex, Tony Montana o Tony Cadena y como ambos tenían los problemas típicos de los adolescentes decidieron llamar así a su nueva banda. Además, aprovecharon que un grupo de chicas de la cercana Petaluma había descartado llamarse así para adoptar el nombre.

En 1980, The Adolescents graban «Amoeba», su primer single, que a pesar de ser editado por la discográfica independiente Posh Boy consigue llegar a la radio estatal y es incluido en algunos recopilatorios. De hecho, se convertirá en uno de los clásicos de su carrera. Un año más tarde fichan por Frontier Records con la que publicarán su primer y homónimo disco producido por Mike Patton. Casi sin darse cuenta se convierten en líderes de ventas en cuanto a punk californiano, en pugna continua con el *Fresh Fruit For Rotting Vegetables* de los Dead Kennedys aunque, como tantas otras bandas del género, sus miembros empiezan a dispersarse y acaban separados.

En 1986 la formación original de la banda integrada por Tony Reflex, Steve Soto, Rickk Agnew, Frank Agnew y Casey Royer se reúne con la intención de grabar un nuevo disco, pero no lo consiguen. Cuando graban su siguiente trabajo, *Brats in Battalions*, en el verano de aquel año para publicarlo en 1987, Casey Royer ya ha dejado su sitio en la batería a Sandy Hanson. La sorpresa llega cuando en 1988 publican *Balboa Fun Zone* sin Tony, encargándose Rikk Agnew y Steve Soto de las tareas vocales. Evidentemente, una nueva disolución está al caer.

En 2001, para celebrar los más de veinte años desde sus inicios, el grupo vuelve a reunirse, aunque sólo con Montana, Soto y Frank Agnew como miembros originales. En 2005 graban nuevo disco, *O.C. Confidential*. A este seguirán *The Fastest Kid Alive* (2011), *Presumed Insolent* (2013), *La Vendetta* (2014) y *Manifest Destiny* (2016).

THE ADVERTS
¿Para qué hace falta más de un acorde?
1976-1979
Londres, Inglaterra

No es baladí el subtítulo que le hemos puesto a esta ficha dedicada a The Adverts. Y es que el grupo que lideraba TV Smith aseguraban que ellos sólo necesitaban un acorde para hacer su música. Aparecidos en el Londres de 1977, empezaron a hacerse famosos en el mítico Roxy Club gracias, sobre todo, a un elemento diferencial: su bajista era Gaye Advert, una mujer. Completaban el combo el citado Tim *TV* Smith, Howard Pickup y Laurie Driver. Su filosofía queda clara en una entrevista que J.F. León le hace a TV en 2004: «Sí que lo vivimos como algo novedoso. Lo era, porque no copiábamos a ninguna de esas bandas más antiguas. ¡Aunque hubiéramos querido copiarlas, no sabíamos cómo hacerlo! La mayoría de nosotros acababa de pillar su primer instrumento. Aprendí cuatro acordes básicos y empecé a escribir mis propias canciones, no me molesté en aprender las de otros. Creo que la mayor influencia que trajeron esas bandas estadounidenses fue el demostrar que la música no tenía que ser necesariamente el producto higienizado y educado que estaba siendo hasta el momento, había una alternativa». En enero de 1977, Michael Dempsey se convierte en su mánager y convence a Brian James de The Damned para que asista a uno de sus conciertos. El guitarrista queda tan impresionado con lo que ve que no sólo los pone en contacto con Stiff Records para que les firme un contrato sino que se los lleva como teloneros de su banda. Con su nueva discográfica publican el single «One Chord Wonder» al que seguirá, con Anchord Records, su mayor éxito, «Gary Gilmore's Eyes» con «Bored Teenagers» en su cara B. Su primer LP está al caer. Bright Records será la encargada de publicar *Crossing the Red Sea With the Adverts* (1978) en el que muestran su manera cruda y

seminal de entender el punk. Un disco del que Trouser Press diría que «a su manera es como el debut de Sex Pistols o The Clash, una declaración apresurada que captura un momento emocionante». Con su segundo LP, *Cast of Thousands*, no consiguen llegar al nivel del primero y deciden poner punto y final a su aventura. TV Smith: «No, no tiene sentido tratar de reescribir la historia. ¿Quién sabe lo que hubiera pasado si los Adverts hubieran continuado? Puede que hubiera sido horroroso. Se acabó en el momento correcto».

ANGRY SAMOANS

Sátira angelina

1978

Los Ángeles, California

La banda liderada por Mike «Metal» Saunders está considerada uno de los grandes combos seminales del punk angelino de finales de los setenta. No es difícil encontrar su nombre asociado al de bandas como X, The Circle Jerks o X. Lo curioso es que el quinteto que se consolidaría con la formación integrada por Saunders y su hermano Kevin, Gregg Turner, Todd Homer y Bill Vockeroth iniciaron sus andanzas, como trío y como ¡grupo de versiones de The Dictators! Eso sí, no tardaron en empezar a componer material propio intentando convertirse en una versión salvaje de sus admirados The Velvet Underground o 13Th Floor Elevators. Rápidamente empiezan a tocar en cualquier lugar que les ofrezca cuatro tablas sobre las que subirse e incluso no dudan en ponerse delante de los enfermos hospitalizados en el Hospital Mental del Estado. Cualquier cosa vale para expresarse y ya no digamos si esa puede estar impresa en un acetato.

El primero de ellos, el EP *Inside My Brain* (1980), está considerado uno de los primeros álbumes de hardcore punk de la escena. Dos años después, y tras otro EP *Queer Pills* (1981), en el que ocultan su nombre para obtener más cuota de antena en la radio, llega su primer larga duración, *Back from Samoa* en el que la sátira más corrosiva ya se ha convertido en su principal seña de identidad ¿Alguien más puede hacer una canción sobre salvar el pene de Hitler disecándolo o poner de moda una actividad tan constructiva y educativa como sacar los ojos a tus amigos? Sólo Angry Samoans. Un grupo que no se prodigaría mucho más en estudio, a pesar de que cuarenta años después siguen en activo. Sólo *STP Not LSD* (1988) y *The '90s Suck and So Do You* (1999), completan sus elepés, a los que hay que unir apenas cuatro EP. Cambios y escisiones en la formación marcaron su escasa actividad. Sólo Saunders y Vockeroth se han mantenido desde el principio, pero eso no les ha impedido seguir realizando giras en el nuevo siglo con diferentes músicos mercenarios.

AT THE DRIVE IN
Post hardcore fronterizo
1994
El Paso, Texas

Cuando se habla de At the Drive In siempre hay dudas sobre si situarlos como banda de post hadcore, de punk rock o incluso de rock experimental. De hecho, hay quien llegó a definirlos como «la banda menos punk del punk». Formados en 1994 por los jóvenes Jim Ward que se encargaría de las guitarras y Cedric Bixler-Zavala, en tareas de vocalista, debutan con un concierto en el instituto para tener listo un EP titulado *El Paso* apenas unos meses después. Pero ellos no iban a ser menos que el resto de las bandas del género y el baile de integrantes empezará antes del segundo EP. Bernie Rincon, su batería, cede el puesto a Davy Simmons que se encargará de las baquetas en *¡Alfaro Vive, Carajo!* El grupo, eso sí mantiene su sonido urgente, directo y emocional con un Cedric mirándose en el espejo de su adorado Jello Biafra.

En 1996, At the Drive In publican su primer disco largo, *Acrobatic Tenemen*, a través del sello Flipside. Rápidamente son incluidos en el nuevo post hardcore, género derivado del hardcore punk, junto a bandas como Fugazi o Rites of Spring. En el disco, además, cuentan con tres nuevos miembros, Ryan Sawyer que pasa a encargarse de la batería, Adam Amparan a la guitarra y, sobre todo, el joven puertorriqueño Omar Rodríguez-López que se va a ocupar del bajo. El periodista Ryan Bray diría de él que «el disco está salpicado de trozos y trozos escalonados de la fórmula ATDI, desde las voces entrelazadas del cantante Cedric Bixler-Zavala y el guitarrista Jim Ward hasta las líneas de guitarra, rareza postpunk». Sacudidos por el suicidio del artista Julio Venegas, amigo común de Cedric y Omar, el grupo vive tiempos convulsos. Sawyer y Amparan son despedidos y Ward abandona el

grupo voluntariamente tras enfrentarse a Omar. Este, a su vez, adquiere el
control de la banda, no sólo encargándose de la guitarra, sino fichando para
el mismo a tres amigos: el libanés Tony Hajjar, el mexicano Paul Hinojos
y Ben Rodríguez. Juntos graban el tercer EP, *El Gran Orgo* (1997), con el
sello Off Time Records. Cedric no tarda en acusar a Ben de haber provo-
cado el suicidio de su amigo Venegas y Ben deja la banda, por lo que Omar
y Ward liman tensiones para llegar a la reincorporación de este último.
Juntos graban un espléndido segundo disco, *In/Casino/Out* (1998) considerado uno de los álbumes más influyentes de la década, al que seguirán
el EP *Vaya* (1999) y finalmente *Relationship of Command* (2000), cargado de
sonidos más rotundos gracias a la producción de Ross Robinson, habitual
de Korn o Slipknot. En 2001, después de la muerte de sus dos coristas habituales, del desánimo al sentirse un simple producto de *marketing* y de que
sea habitual que se encaren con su público porque estos se dedican a bailar
mientras el grupo les reclama mayor atención, el grupo se disuelve y Omar
y Cedric crean The Mars Volta.

La primera reunión de la banda se confirma el 9 de enero de 2012 para una
serie de fechas en que las que se muestran demasiado complacientes, alejados
de su furor inicial. En 2013, tras un giro rocambolesco, Omar y Cedric se
pelean, por lo que disuelven The Mars Volta pero ¡hablan de reactivar At the
Drive In! La segunda reunión es un hecho en 2015 y culminará con la publicación del disco *in-ter-alia* en 2017.

B

BAD BRAINS

El punk de los rastafaris

1977

Washington D. C.

Sin duda, uno de los grandes aspectos que marca la trayectoria de Bad Brains es su mezcla de géneros. Considerados pioneros del hardcore punk, en el grupo se encuentran también vestigios de metal progresivo y, sobre todo, del reggae. Este último aspecto acentuado por el hecho de que sus miembros son practicantes de la religión rastafari, algo que no deja de ser sorprendente e incluso hasta contradictorio con el término *punk*.

Fundados en 1978 por el guitarrista Gary «Dr. Know» Miller y el bajista Darryl Jennifer, que se conocían de haberse encontrado tocando en otras bandas, Bad Brains se convirtió en una formación estable con la entrada de dos hermanos, Earl Hudson a la batería y, sobre todo, su miembro más icónico y reconocible, Paul *HR* Hudson en tareas de vocalista. Puede sonar a broma, pero se iniciaron como banda de jazz para convertirse al punk cuando oyeron a

Dead Boys. Eso los llevó incluso a cambiarse el nombre y adoptar el de la canción «Bad Brain» de los Ramones. Diferentes incidentes como la prohibición de tocar en varios locales de su ciudad, Washington D.C., los llevan a mudarse a Nueva York, donde el punk está en auge. Allí consiguen actuar en el mítico CBGB, donde incluso los grabarán en directo, y desarrollarán un sonido rudo y deslavazado que muchos empezarán a llamar trash punk. En junio de 1980 conseguirán editar su primer single pero su gran hito discográfico se producirá en 1982 con la publicación de un álbum con su nombre, para muchos el mejor de la historia del hardcore punk, y donde ya muestran sus inclinaciones por el reggae. De hecho, ese será el motivo por el que a finales de la década acaben separándose. HR y Eral querían dedicarse más al reggae y Dr. Known y Darryl optaban por acercarse al metal. Por eso, en 1993 estos últimos graban *Rise* con el nombre de Bad Brains, contratando a dos mercenarios para sustituir a sus antiguos compañeros. En 1995 publican *God of Love*, con la formación original de nuevo unida, y unos temas que se mueven entre el reggae y la fusión de este con el metal, lo cual los lleva a ir de gira con Beastie Boys. En esos momentos la cosa se vuelve tensa. HR está muy enganchado a las drogas y tiene problemas mentales que le llevarán, incluso, a intentar matar a su hermano. El grupo ha de dejar la gira cuando el cantante golpea con el palo del micro a dos fans. Hospitalizado, HR es diagnosticado de esquizofrenia y se le prescribe medicación de por vida. El grupo permanecerá separado hasta que en 1998 retomen la actividad, aunque permanecerán en un estado de calma. Pocas apariciones públicas resumen su actividad hasta que en 2002 regresan con el disco de reggae *I and I Survive*, aunque su vuelta a los escenarios se demorará hasta 2006. Un año después llega *Build A Nation*, en 2012 *Into the Future* y este mismo 2018 *Mind Power*. «Get up, stand up, punk for your rights…»

BACKYARD BABIES
Tatuajes escandinavos
1989
Nässjö, Suecia

Backyard Babies nacieron como Tyrant en 1987 contando con el cantante y bajista Tobias Fischer, los guitarras Dregen y Johan Blomqvist y el batería Peder Carlsson. De su trayectoria poco o casi nada que contar: una maqueta pedestre y unos cuantos *bolos* por la vecindad, hasta que Tobbe es reempla-

zado por Nicke Borg como *frontman* y guitarrista, pasándose Blomqvist a las
cuatro cuerdas y cambiándose el nombre en 1989.

Ya como Backyard Babies editarían algunas demos más y harían una gira a
nivel nacional, tras la cual debutarían con el EP *Something to Swallow* (1991),
el cual les conseguiría un contrato con Megarock Records. Pero no sería hasta
1994, con *Diesel & Power*, cuando su punk influenciado por el hard y el sleaze
rock de Los Ángeles tomaría carta de presentación. El single «Electric Suzy»,
con una versión del «Taxi Driver» de Hanoi Rocks en la cara B, y una gira
acompañando a Demolition 23, banda con ex miembros del combo finlandés,
antecedieron a un parón (que no disolución) de más de dos años en los que
Dregen se iría a los recién formados The Hellacopters, con los que grabaría
sus dos primeros álbumes.

De vuelta a la banda en 1997, y bajo el manto de MVG Records editarán
Total 13 ante la entusiasta respuesta de crítica y público, un disco infecciosa-
mente pegadizo con futuros clásicos de su repertorio como «Look at You»,
«Highlights» o «Made Me Madman» con el que saldrán de gira nuevamen-
te, teloneando en esta ocasión a Alice Cooper en el Reino Unido y a AC/DC
en Estados Unidos.

Un tercer disco –*Making Enemies is Good* (2001)– criticado por suavizar
demasiado su sonido no les impide acompañar a Motörhead en una nueva
gira, hasta que en octubre de 2002 Dregen fue atracado a la salida de un club,
con la mandíbula rota como recuerdo del incidente.

Tal imprevisto no retrasa la grabación de *Stockholm Syndrome* (2003), un retorno a sonidos más ásperos que aun así ganó un Grammy en su edición sueca.

Giran por Estados Unidos en 2005 como cabezas de cartel y acompañando en algunas fechas a Social Distortion hasta la salida de *People Like People Like People Like Us* (2006), producido por Nicke Hellacopter, al que seguirán un disco homónimo en 2008 y el recopilatorio *Them XX* (2009) coincidiendo con el vigésimo aniversario de su formación. A partir de la gira inmediatamente posterior transcurren varios años sin apenas noticias hasta 2014, en que anuncian una gira con salida en el Sweden Rock Festival de 2015 y un nuevo disco –*Four by Four* (2015)– que demuestra una vez más que su punk rock de claras raíces yanquis sigue en un estado de forma más que notable.

BAD RELIGION
Abriendo camino al hardcore melódico
1980
Los Ángeles, California

No hay duda de que Bad Religion tienen mucho que ver con el resurgimiento del punk rock en la década de los noventa junto a grupos como Green Day, Rancid o Pennywise. Y no es que en esos momentos fueran una banda novel. De hecho, no es fácil olvidar la escena de un fan pasado de vueltas en el Doctor Music Festival (España) en 1996 acusando a su cantante Greg Graffin de haberse quedado calvo y estar gordo y este, mostrando que el que tuvo retuvo, echándolo a patadas del escenario.

Fueron grupos como The Adolescents o Black Flag los que pusieron la semilla musical a unos chavales compañeros de instituto. Eran el propio Graffin, que se encargaría de la voz desde el primer momento, Brett *Mr. Brett* Gurewitz (guitarra), Jay Ziskrout (batería) y Jay Bentley (bajo). Desde el principio, Gurewitz se da cuenta de que los grupos cada vez tienen más difícil salir adelante, por lo que decide liarse la manta a la cabeza y formar una discográfica para sacar sus propios discos. Un sello que será básico para el mantenimiento del género: Epitaph Records. Un nombre, por cierto, que el guitarrista sacaría de una canción de King Crimson. Por supuesto, el primer lanzamiento del sello será el debut de Bad Religion, un EP de seis canciones titulado como el grupo. Corría 1981, y las cosas parecían irle bien a la banda, por lo que en enero de 1982 se atreven con su primer LP, *How Could Hell Be Any Worse?* donde colaborará Greg Hetson, entonces en Circle Jerks, y futuro miembro de la banda. Las ventas no están nada mal y se sitúan en 10.000

copias, cifra notable para una discográfica recién nacida y todavía en pañales.
Desde sus primeras referencias, Bad Religion muestran una fuerte tendencia
a que sus temas contengan melodías reconocibles, por lo que pronto se empieza a hablar de ellos como hardcore melódico, originando así otro subgénero del punk rock. Les gusta tanto esa tendencia que, en su segundo disco,
y quizá también influidos por los malditos ochentas, introducen teclados en
sus canciones. Por ello, *Into the Unknown* (1983) no es nada bien recibido.
Pero las cosas podían empeorar. Gurewitz, pieza importantísima tanto en la
banda como en la discográfica, de la que era el presidente, es ingresado para
ser tratado de su adicción a las drogas y Hetson entra en la banda. Aunque
publican el EP *Back To the Know* donde Gurewitz aún figura como productor,
se inicia un largo periodo en el que la banda mantiene apenas sus constantes
vitales. Las únicas noticias que llegan de los californianos son sus continuos
cambios de miembros.

En 1986 Bad Religion regresa a lo grande. No sólo recuperan a algunos
de sus miembros originales, con Gurewitz a la cabeza, sino que publican
el espléndido *Suffer*, probablemente el mejor disco de punk rock de finales
de los ochenta. Además, el álbum supone un claro empujón para el grupo
que en 1989 edita *No Control* y en 1990 el espléndido *Against the Grain*.
Es el momento en que todos quieren ser Bad Religion. Y es que no sólo

Bad Religion son grandes dentro del género, sino que consiguen traspasar fronteras y meterse en medios como MTV, donde son tratados como auténticas estrellas. En 1992 graban *Generator* al que seguirán dos nuevas obras cumbres. Primero el fantástico *Recipe For Hate* (1993) en el que colabora Eddie Vedder de Pearl Jam al poner voces a los espléndidos temas que son «American Jesus» y «Watch It Die», y luego el insuperable *Stranger Than Fiction* (1994), su primer trabajo para una multinacional, fuera de Epitaph, en este caso Atlantic Records. Para la ocasión cuentan con la colaboración de Tim Armstrong de Rancid y Jim Lindberg de Pennywise, dos bandas que le deben mucho a Bad Religion. Tim Armstrong, de hecho, reconoció que sin esos discos nunca hubiera existido su banda. Pero claro, el grupo trabaja ahora para una multinacional y la acusación de haberse vendido no tarda en llegar. Poco debió importarles a Graffin y compañía cuando les comunican que han sobrepasado el medio millón de copias vendidas en Estados Unidos. Gurewitz parece haber cumplido sus sueños y deja la banda para dedicarse en exclusiva a Epitaph. Su negocio se lo pide, ya que en ese momento se encuentra en plena fiebre The Offspring, que han convertido su *Smash* en el disco más vendido nunca publicado por un sello independiente. La banda sabe que en el acierto de la elección del sustituto de Brett puede estar buena parte de su futuro y se lo toman con calma. Al final optan por uno de los miembros fundadores de Minor Threat, Brian Baker, con el que ya graban su siguiente disco, *The Gray Race* (1996) al que seguirá el directo *Tested* (1997). Las cosas, eso sí, parecen ir de capa caída. Todo indica que el mejor momento del grupo ya ha pasado y *No Substance*, publicado en 1998 no hace sino confirmarlo. Ellos mismos se muestran menos inspirados y no son los únicos del estilo que sufrirán esa sensación a finales de la década. Incluso Greg Graffin ha aprovechado para publicar en 1997 su primer disco en solitario, *American Lesion*, claramente enfocado hacia el folk.

2000 es un año importante para Bad Religion, no sólo graban su mejor disco desde 1994 con *The New America*, sino que en uno de los temas colabora de nuevo Brett Gurewitz. Producido por Todd Rundgren, será además su último disco para Atlantic, ya que el siguiente volverá a ser editado por Epitaph. En 2002 llega su re-debut en su sello de siempre con *The Process If Belief* y Mr. Brett de nuevo ocupándose de la guitarra. La crítica es unánime, el grupo ya ha pasado sus peores momentos y está totalmente recuperado. Que el álbum acabe en el número 1 de las listas de discos independientes de Estados Unidos lo dice todo. Sus siguientes discos, *The Empire Strikes First* (2004) y *New Maps of Hell* (2007) confirman esa sensación. Además, la formación parece asentada con la alineación que integran Graffin, Mr.Brett, Greg Hetson, Brain Baker,

Jay Bentley y Brooks Wackerman. Así llegan a 2010, año en que cumplen 30 años de existencia, cosa que celebran reeditando todos sus discos y publicando el directo *30 Years of Live*. Aunque no sólo de nostalgia vive el hombre, y también publican material nuevo ese mismo año. *The Dissent of Man* vuelve a ser un magnífico disco, con la colaboración de Mike Campbell, uno de los Heartbreakers de Tom Petty. En *True North* (2013) vuelven a repetir formación y ese mismo año se atreven ¡con un disco de Christmas! Son sus últimos pasos, aunque muestran que hay Bad Religion para rato. Al menos eso es lo que declaró Graffin en las presentaciones de *Millport* (2017), su tercer disco en solitario.

BIKINI KILL

Riot Grrrls

1990-1998

Olympia, Washington, Estados Unidos

Si el rock de la primera mitad de los noventa estuvo copado por las huestes del grunge, un movimiento paralelo aprovechó la inercia del mismo para configurar una propuesta radicalmente feminista y reivindicativa. El fenómeno Riot Grrrl, nacido en la ciudad de Olympia, Washington, preconizaba un cambio en la percepción de la mujer como artista y como público a través de la subcultura del DIY: fanzines, exposiciones, activismo político y, por supuesto, música.

Y ahí entra el nombre que nos ocupa. Formada a finales de 1990 por la cantante Kathleen Hanna, el guitarra Billy Karren, la bajista Kathi Wilcox y la batería Tobi Vail, Bikini Kill es considerada como la banda fundacional de un movimiento que no tardaría en incorporar a sus filas otros nombres como Bratmobile, Sleater-Kinney, L7 o Babes in Toyland.

Debutando con una demo titulada *Revolution Girl Style Now!* (1991), le sigue al año siguiente un EP homónimo, producido por Ian MacKaye de Fugazi; se embarcan entonces en un *tour* por el Reino Unido compartiendo cartel con las riot grrrls británicas Huggy Bear, una colaboración que se trasladará al vinilo en el split *Our Troubled Youth/Yeah Yeah Yeah Yeah* (1993).

Todos estos trabajos empiezan a establecerles una base de fans, que crece exponencialmente con su primer elepé *Pussy Whipped* (1993) y el single extraído del mismo, «Rebel Girl», producido por Joan Jett.

Al mismo tiempo sus personales puestas en escena, con Hanna exhortando a la audiencia femenina a avanzar hasta las primeras filas, entregándoles hojas con las letras escritas o incluso bajando entre el público para enfrentarse con machitos alborotadores les granjea fama de irreductibles en directo.

Tal vez las más punk del cotarro, con un sonido agresivo y cortante, empezaron a repudiar la atención de los medios por considerar que tergiversaban el mensaje que pretendían transmitir. Y así, con la sensación de ser cada vez más rechazadas en no pocos ámbitos, al año de editar *Reject All American* (1996) deciden separarse. Justo es señalar que pese a ese rechazo, no fueron pocos los artistas masculinos que apoyaron tanto a la banda como al movimiento que abanderaban. Gente como Calvin Johnson de Beat Happening, el citado Ian MacKaye o el mismísimo Kurt Cobain, el cual además debió agradecerle a Hanna que –merced a una pintada en el salón de su casa que rezaba «Kurt Smells Like Teen Spirit»– le inspirara el título de un single que a buen seguro les sonará de algo.

THE BIRTHDAY PARTY
Mejor arder que consumirse
1980-1983
Melbourne, Australia

Tras casi un lustro funcionando como The Boys Next Door, en 1980 Nick Cave, Mick Harvey, Rowland S. Howard, Tracy Pew y Phill Calvert deciden no sólo rebautizarse sino oscurecer y retorcer su música hasta límites extenuantes. Dejando atrás el punk nuevaolero de su debut *Door*,

Door (1979), los de Melbourne debutaron ese mismo año con un disco homónimo (inicialmente aún acreditado a The Boys Next Door) que establecía las bases de su sonido. Un sonido único, entre lo catártico y lo catatónico, que viajaba del art rock al noise, del blues desenfrenado al más puro free jazz siempre envuelto todo ello en una imagen, actitud y sonoridad netamente punk.

En 1980 y ya como The Birthday Party se trasladan a Londres y en septiembre graban una primera sesión para John Peel, a la que seguirán tres más en los dos años siguientes y que, editadas incompletas en 1987 y 1988 pero compiladas en 2001 bajo el nombre de *The John Peel Sessions* conforman una tardía pero imprescindible coda a una discografía tan fugaz y escasa como imprescindible.

A finales de año regresan a Australia, donde su visceral directo deja estupefacta a una audiencia no precisamente bisoña al respecto, y a principios de 1981 entregan su primer disco como tales. *Prayers on Fire*, publicado en abril, contiene ya algunos de sus temas más representativos («Nick the Stripper», «King Ink», «Zoo-Music Girl») y establece su marca de fábrica definitivamente.

En Londres de nuevo, en abril entran en los Townhouse Studio en una sesión de la que saldría el single «Release the Bats», un relato de sexo vampírico que se convirtió en un referente inmediato para la emergente escena gótica de las islas.

Las canciones de Cave, la mayoría crudos retratos de violencia y perversión, volverían a encontrar acomodo en *Junkyard* (1982), segundo y a la postre último disco de la banda, un auténtico exorcismo blasfemo a cargo de unos músicos que empezaban a entrar en barrena en lo personal, vencidos por el cansancio y el abuso de todo tipo de sustancias. Calvert es despedido al cabo de poco y Pew encarcelado por conducir ebrio, aunque regresaría al cabo de poco tiempo; el grupo se muda entonces al Berlín Occidental, graba el EP *The Bad Seed* (1983) en los Hansa Studios y sigue haciendo giras como cuarteto, pero las tensiones –especialmente entre Cave y Howard– son cada vez más insoportables. Tras un segundo EP que verá la luz póstumamente –*Mutiny!* (1983)–, Harvey se larga y, a finales de año, The Birthday Party pliega velas definitivamente, aunque casi todos sus miembros (Pew fallecería en 1986) desarrollarán notorias carreras posteriores.

BLACK FLAG
Más rápido, más fuerte, más cafre
1976-1986, 2013-2014
Hermosa Beach, California, Estados Unidos

Hermosa Beach, Los Ángeles, 1978. El guitarrista Greg Ginn y el bajista Chuck Dukowski ensayan en la casa que ambos comparten, ejecutando clásico punk británico con acento yanqui. Sin muchas esperanzas de conseguir un contrato deciden crear su propio sello, SST, que con el tiempo se convertiría en referencia dentro del circuito discográfico independiente. Mientras prueban distintos cantantes y baterías editan el single «Nervous Breakdown» y pasan los dos años siguientes ensayando con una constancia casi espartana. Un doce pulgadas y mucha incomprensión entre un público poco preparado no les desalienta, y con Dez Cadena como cantante lanzan otro single –«Six Pack»– que, ahora sí, empieza a ponerles en boca de muchos.

Se patean el país en apenas dos meses, tocando casi cada noche y durmiendo en la furgoneta, hasta que tras un *show* en Washington D. C. un fan se les acerca a charlar. Su nombre es Henry Rollins y al cabo de pocos meses se convertirá en cantante de la banda. Con él al frente se abriría el periodo clásico de Black Flag, al tiempo que forjarían un género –el hardcore– que no tardaría en expandirse de costa a costa llevando el punk a nuevas cotas de velocidad, rabia y contundencia. A modo de manifiesto fundacional graban *Damaged* (1981), un disco que cogía a Sabbath y los

Stooges y les metía un ramillete de guindillas por el culo, una burrada sobreamplificada lanzada a toda pastilla contra el *American Way of Life*. Y así lo entendieron los ejecutivos de MCA, los cuales echaron marcha atrás como locos ante un primer acuerdo de distribución, asustados e incapaces de entender el mensaje.

Con la incorporación de Keith Morris como segundo guitarra y la desesperada, huracanada voz de Rollins escupiendo angustia existencial Black Flag entra en un periodo de cambios de personal y cierta inactividad hasta 1984, con la edición de *My War*. Más experimental que su debut, ralentizando los tempos, el disco desconcierta un tanto a los fans, que se quedarán a cuadros cuando en pocos meses presenten su tercer trabajo, *Family Man*, con una cara de *spoken word* y la otra enteramente instrumental o al año siguiente se saquen de la manga el EP *The Process of Weeding Out*, en el que Ginn coquetea con la música dodecafónica y el avant-garde. Antes de eso, no obstante, publicarán su tercer disco en un año asombrosamente productivo. *Slip It In*, lanzado en diciembre de 1984, sigue la senda densa y progresiva de *My War*, encajando con precisión el heavy metal y el free jazz en el interior de un armazón inequívocamente punk.

Tras entregar dos nuevos trabajos en 1985 –*Loose Nut* e *In My Head*–, el incansable ritmo de actuaciones, la inestabilidad inherente a la falta de éxito comercial y por último las consabidas diferencias musicales los llevan a separarse a principios de 1986, con Ginn centrándose en su sello y Rollins iniciando una sólida carrera en solitario.

THE BOYS

Melodías a toda castaña

1976-1982, 1999-presente
Londres, Inglaterra

The Boys se formaron a partir de dos bandas anteriores, concretamente en septiembre de 1975 cuando Matt Dangerfield, cantante y guitarrista de los London SS unió fuerzas con Casino Steel, ex teclista de Hollywood Brats. Con la adición de Honest John Plain como segundo guitarra y dos colegas de este –el bajista Duncan *Kid* Reid y el batería Jack Black– , quedaba completada la alineación que empezaría a ensayar y grabar en el estudio casero que Dangerfield había montado en el sótano donde vivía, en Maida Vale.

A su debut en el famoso Hope and Anchor de Islington en septiembre de 1976 le seguiría un contrato con NEMS en enero de 1977, el single «I Don't Care» y una gira junto a John Cale. Para mayo ya tienen terminado su debut, pero diversas circunstancias retrasan su lanzamiento hasta septiembre. *The Boys*, un magnífico disco que sentaría buena parte de los cimientos del futuro punk pop, llegó al 50 en las listas de álbumes británicas; del elepé se extraería un segundo single, «First Time» en julio, a resultas del cual recibieron una invitación de John Peel para una de sus sesiones, que se convirtió en single de la semana en la prestigiosa revista *Sounds*.

Un segundo disco para NEMS –*Alternative Chartbusters* (1978)– y un *tour* como teloneros de Ramones preceden a un cambio de sello (firman con Safari) en 1979, con quien grabarían dos álbumes –*To Hell with the Boys* (1979) y *Boys Only* (1981)– y cinco singles más antes de separarse en 1981. Dejaban tras ellos no pocos contratiempos, decisiones erróneas o pura y dura mala suerte, pero también un puñado de grandes temas, pequeños clásicos como «Brickfield Nights», «Rue Morgue» o «Kamikaze» que harían que años más tarde el nombre de The Boys fuera reivindicado tanto por los medios como por los colegas.

Por cierto que durante su trayectoria, cada Navidad se convertían en The Yobs, editando un single hasta que en 1980 lanzarían un elepé navideño entero titulado *Christmas Album*.

En 1999 unos *shows* con el *line up* original casi al completo (Steve *Vom* Ritchie reemplazó a Jack Black) puso la base para una reunión en toda regla que cristalizaría en 2006 con más conciertos (los primeros en Londres en más de veinticinco años) y un nuevo disco en 2014, el más que notable *Punk Rock Menopause*, con Dangerfield, Steel y Plain al frente.

THE BRONX

Aire fresco en el siglo XXI

2002

Los Ángeles, California, Estados Unidos

Los Ángeles alumbra en 2002 el nacimiento de The Bronx, una de las mejores bandas de punk aparecidas en el siglo XXI. Integran el grupo el cantante Matt Caughthran, el guitarrista Joby J. Ford, el bajista James Tweedy y el baterista Jorma Vik.1. Sólo les hicieron falta un par de conciertos para que las discográficas empezaran a pelearse por ellos. Y es que no era difícil ver en ellos un soplo de aire fresco para un género totalmente adormilado. Finalmente es Island Def Jam Music quien se lleva el gato al agua, aunque el grupo les pide un tiempo de reflexión que aprovechan para autoeditar sus primeros discos. En 2003 aparece *The Bronx* que cumple todas las expectativas, con canciones como «They Will Kill Us All (Without Mercy)», capaz de meterse en puestos importantes incluso en las difíciles listas de éxitos británicas.

Desde el primer momento el grupo opta por no poner título a sus discos, algo que dificultará a sus fans el seguimiento. *The Bronx* (2006) es su primer lanzamiento con Island Def Jam Music, y es considerado mejor disco del año

por la revista Rock Sound. «History's Stranglers», «White Guilt» y «Shitty Future» se convierten en clásicos inmediatos. No paran de ir de gira y entre concierto y concierto graban las canciones del tercer *The Bronx* (2008), otro éxito de crítica y ventas. La tensión aumenta y los componentes de la banda deciden buscarse un divertimento, por lo que crean Mariachi El Bronx, donde unen el punk con las rancheras. Ese proyecto dará lugar a tres discos y un directo que, como en el caso de The Bronx, no tienen título.

El cuarto disco de The Bronx aparece en 2013 y el quinto en 2017. Este último se convertirá en el primero de la banda que no se llamará simplemente The Bronx, sino que incluye su ordinal, *V*.

BUZZCOCKS

Orgasmos de tres acordes
1976-1981, 1989-presente
Bolton, Inglaterra

Como en tantos otros casos, una nota en el panel de anuncios de la escuela –en este caso, pidiendo músicos fans de la Velvet– fue el detonante para que naciera un gran grupo. El demandante, Howard Trafford (que pronto cambiaría su apellido por Devoto) recibió la contestación de un tal Peter McNeish (Pete Shelley para los amigos); estamos en Bolton, parte del Gran Manchester, en 1975, y unos meses más tarde los Buzzcocks ya habían nacido. Fans de los Troggs, los Who y en general del garage y beat sesenteros, un bolo de los Sex

Pistols en 1976 los deja ojipláticos: eso es lo que andaban buscando. Completan la formación con el bajista Steve Diggle y el batería John Maher y tras telonear a los Pistols en su segunda visita a Manchester, graban un primer EP de cuatro temas en su recién inaugurado sello New Hormones (de hecho fueron de los primeros grupos en crear su propio sello fuera de las *majors*).

Descontento con el rumbo que el punk estaba tomando, Devoto deja el grupo para formar poco después Magazine. Diggle se pasa a la guitarra y tras probar a Mark Smith por un tiempo, fichan a Steve Garvey para las cuatro cuerdas y firman con United Artists. Para la multinacional grabarían en 1977 los singles «Orgasm Addict» (censurado por la BBC, siempre tan apolillada en lo moral) y «What Do I Get?», dos clásicos instantáneos en los que mostraban sin ambages sus cartas ganadoras: energía guitarrera, agresividad rítmica y un incontestable talento para la melodía pop. Unas cartas que siguieron jugando de forma maestra en sus tres primeros elepés, publicados casi consecutivamente. Tanto *Another Music in a Different Kitchen* (1978), como *Love Bites* (1978) y *A Different Kind of Tension* entraron en las listas de álbumes británicas, y todos contaban de nuevo con sencillos tan infalibles como «I Don't Mind» o «Ever Fallen in Love (With Someone You Shouldn't've)», manteniendo intacta su capacidad y su facilidad para los estribillos infecciosos.

Promocionando cada uno de ellos mediante largas giras por Europa y Estados Unidos, aprovechando una de estas últimas I.R.S. Records publicó en 1979 el álbum *Singles Going Steady*, recopilatorio de todos sus sencillos hasta el momento a modo de presentación para el público estadounidense.

Pero en 1981, tras entregar las demos para un cuarto álbum, los desacuerdos con la compañía discográfica y el deseo de Shelley de emprender una carrera en

solitario provocan la disolución de la banda, tras la cual cada uno se embarca en distintos proyectos (Flag of Convenience, Blue Orchids, Motivation...)

A finales de la década, en 1989 concretamente, los cuatro miembros originales se reunieron para una gira mundial, tras la cual Shelley y Diggle formaron tándem para, con la ayuda de músicos eventuales, resucitar cada cierto tiempo la banda, organizar giras y publicar una serie de discos ninguno de los cuales, aun dentro de unos mínimos y con algún que otro punto álgido– llega al nivel de su clásica trilogía de finales de los setenta.

C

CHEAP NASTIES
La banda más peligrosa de Perth
1976-1978
Perth, Australia

Kim Salmon siempre fue un músico inquieto. Tras formar una banda difícil de clasificar como Troubled Waters, en 1976 forma la primera banda de punk de Perth, The Cheap Nasties. Lo hace como voz principal y bajo la influencia de dos discos, *Raw Power* de The Stooges y el disco homónimo de The Modern Lovers. Sus conciertos son incendiarios, acusados a menudo de peligrosos, y es que la formación –que completaban Mark Betts a la batería, Dan Dare al bajo, y Neil Fernández a la guitarra– funcionaba como un cañón. Su única sesión de grabación dio como resultado diez canciones que nadie quiso editar de manera decente hasta varios años más tarde. Agobiados por el desencanto, el grupo se desmiembra. Primero, Salmon abandona, siendo sustituido por Robert Porritt, en lo que prácticamente coincide con su cambio de nombre por The Manikins. Kim, por su parte, entra en The

Exterminators para sustituir a Mark Demetrius. Estos se convertirán en The Invaders en enero de 1978 para, finalmente, en mayo, cambiar su nombre por el que serían mundialmente conocidos, The Scientists.

CIRCLE JERKS
El proyecto de Keith Morris
1979-2010
Hermosa Beach, California

Tras empezar su carrera musical como cantante de Black Flag, llegando a grabar con ellos su famoso EP *Nervous Breakdown* (1978), Keith Morris pone en marcha Circle Jerks. En el proyecto le acompaña Greg Hetson, que abandona su puesto como guitarrista de los Redd Kross de los hermanos McDonald, el bajista Roger Rogerson y el batería Lucky Lehrer. El prestigio de Morris le lleva a conseguir rápidamente un contrato discográfico para su nuevo proyecto, aunque sea con un sello independiente como Frontier Records. Rápidamente debutan con *Group Sex* (1980) un disco de catorce canciones ¡en quince minutos y veinticinco segundos! No son pocos los que consideran éste como el álbum básico del hardcore punk angelino. Le seguirán *Wild in the Streets* (1982) y *Golden Shower of Hits* (1983) donde por primera vez se atreven con canciones que rondan los tres minutos de duración. Pero el punk más urgente pierde fuelle a favor de propuestas más melódicas y el grupo se toma un descanso de un par de años, momento en que Hetson aprovecha para unirse a Bad Religion.

Circle Jerks regresan a la actividad en 1985 con dos nuevos miembros, Keith Clark a la batería y Zander Schloss al bajo y, sobre todo, con un sonido más cercano al metal, como refleja su cuarto disco, *Wonderful*. La crítica los acusa de haberse vendido y eso hace que, en su siguiente trabajo, *VI* (1987) vuelvan a virar sus miras, esta vez, hacia el hard rock. Ese nuevo estilo tampoco iba a ser comprendido y en 1990 se separan para retomar la actividad brevemente entre 1994 y 1995. Lo peor de todo es que el grupo debe parar porque Morris se encuentra muy enfermo. Tiene problemas de colon, de estómago e incluso una lesión en la espalda que le obliga a llevar un aparato ortopédico. Además, en 1999 se le diagnostica una diabetes. Intentando conseguir dinero para pagar sus facturas, vuelven con el nuevo siglo hasta que en 2010 se toman un descanso indefinido que todavía dura.

THE CLASH

La única banda que importa

1976-1986
Londres, Inglaterra

Hijo de un diplomático que había dejado el internado antes de tiempo, John Graham Mellor formó en 1974 una banda de pub rock, los 101ers, convirtiéndose en Joe Strummer. En otra parte pero no muy lejos, una banda llamada London SS (una especie de laboratorio por el que pasarían multitud de músicos que más tarde aterrizarían en bandas punk de renombre) tenía en sus filas a un tal Mick Jones, crecido en el Brixton proletario y amigo de un estudiante de arte llamado Paul Simonon. Decidido a formar un nuevo grupo tras ver en directo a los Pistols, Strummer dejó los 101ers llevándose consigo al otro guitarra, Keith Levene, y se juntó con Jones, Simonon y el batería Terry Chimes para formar The Clash. Su debut en directo fue precisamente teloneando a los Pistols en el Black Swan de Sheffield, bolo tras el cual su mánager Bernard Rhodes les pide que no vuelvan a actuar hasta sonar mucho más conjuntados.

Dicho y hecho, los cuatro se encierran en su local de Camden y ensayan con una disciplina casi militar mientras Rhodes insiste en que profundicen en su posicionamiento político, un compromiso –no exento de contradicciones– que mantendrían a lo largo de su carrera tanto en su actitud como sus letras. «No escribáis sobre amor, escribid sobre aquello que os afecta,

aquello que es importante», recuerda Strummer que les decía. Levene dejó
la banda poco antes de que se embarcaran en el *Anarchy Tour* a finales de año.

A principios de 1977, el punk ya era un fenómeno de masas en todo el Reino Unido y a rebufo de ello, la banda consigue un contrato con CBS por valor
de cien mil libras, una cifra nada desdeñable para un grupo que apenas llevaba
tres docenas de bolos a su espalda, casi ninguno como cabeza de cartel. La
jugada, no obstante, le salió bien a la compañía. El debut homónimo de The
Clash llegó al número doce de las listas, afianzando su combativa actitud y es-
bozando el eclecticismo que los caracterizaría al incluir en el *track list* «Police
and Thieves», un pequeño clásico reggae de Junior Murvin. Chimes dijo adiós
justo tras las sesiones de grabación, siendo sustituido por Topper Headon. La
nueva formación se embarcaría en el *White Riot Tour* en mayo, una gira junto a
Buzzcocks, Subway Sect, The Slits y The Prefects. Al año siguiente editarían
un par de singles —«Clash City Rockers» y «(White Man) In Hammersmith
Palais»— como anticipo a su segundo trabajo. *Give 'Em Enough Rope* (1978), sin
ser un mal trabajo, dejó a la banda descontenta, condicionada en parte por las
presiones de la compañía para que limpiaran en cierto modo su sonido.

En febrero de 1979 y tras conseguir convencer a CBS de que editara de
una vez su debut en Estados Unidos, cruzaron el charco para una exitosa gira
de costa a costa. De regreso a Inglaterra volvieron al estudio y salieron con
una obra maestra absoluta. El doble *London Calling* (1979) resultó un disco
inspiradísimo repleto de punk, rockabilly, reggae, R&B, ska y otras hierbas,
que no tardó en convertirse en disco de oro y que la banda solicitó que se
vendiera a precio reducido.

Una jugada maestra que mandaron al garete con su siguiente movimiento, el triple elepé *Sandinista!* (1980), casi un suicidio comercial que consiguió ventas muy por debajo de las esperadas. Los coqueteos con el dub y el hip hop de *Sandinista!* tuvieron su continuación en el single «This Is Radio Clash» en 1981, tras el cual llegó *Combat Rock* (1982), un intento fallido de regresar a la energía de sus inicios que, no obstante, albergaba dos de sus temas más conocidos (y vendidos): «Should I Stay or Should I Go» y «Rock the Casbah».

A partir de ahí las cosas fueron de mal en peor. Headon fue expulsado debido a su adicción a la heroína, Jones y Strummer cada vez estaban más distanciados. El fin estaba cerca y en septiembre de 1983, Jones salta del barco.

Con tan sólo Strummer y Simonon a bordo, más tres músicos de relleno, The Clash editaría *Cut The Crap* en 1985, un canto del cisne (un graznido mejor dicho) indigno de su nombre, con tan sólo un tema –«This is England»– merecedor de su firma.

A principios de 1986, con un Strummer exhausto, The Clash se disolvían, dejando tras de sí una huella imborrable en la primera página de la historia del punk.

COCK SPARRER
Héroes del East End
1972-1978, 1982-1984, 1992-presente
Londres, Inglaterra

Colin McFaull, Mick Beaufoy, Steve *Burge* Burgess y Steve Bruce, cuatro londinenses amigos desde la infancia, crearon Cock Sparrer a principios de los setenta, tocando un estilo mezcla de pub rock, glam y R&B que pocos años más tarde sería conocido como Oi!

A rebufo del estallido del 77, Decca les ofrece un contrato, pero la escasa acogida que tuvieron sus dos primeros singles –«Runnin' Riot» y una versión del «We Love You» de los Stones– hace que les den la patada antes de tiempo, aunque en una maniobra de lo más estrambótico les publican un primer elepé homónimo sólo en España. *Cock Sparrer* (1978), que contenía los cuatro temas de los dos singles más seis canciones nuevas, tendría que esperar nueve largos años para ser editado en el Reino Unido por Razor Records con el título *True Grit* (1987). Compuestos y sin novia cesan toda

actividad hasta que en 1982 y coincidiendo con un renovado interés del
público reforman la banda, firman para Carrere y editan el single «England
Belongs to Me», todo un himno de segunda división, no pocas veces ma-
linterpretado; Steve Burgess llegó a comentar al respecto que se trata de
una canción que necesitó treinta minutos para escribir y treinta años para
defender.

Su debut «oficial» llegaría con *Shock Troops* en 1983, repleto de pequeños clásicos del street punk como «Where Are They Now» o «Riot
Squad», canciones sencillas y efectivas, de las que entran a la primera escucha y te mueven a pincharlas una y otra vez. Poco después Shug O'Neill
reemplazaría a Beaufoy a las seis cuerdas y el grupo lanzaría su tercer disco,
Running Riot (1984) antes de volver a separarse a finales de año, en una di-
námica que será casi rutina en su carrera. El directo *Live and Loud*, editado
tres años más tarde pero grabado en ese último periodo, sirve a todos los
efectos como competente documento de la energía que desprendían sobre
las tablas.

Reunión de nuevo en 1992, con Daryl Smith reemplazando a O'Neill ya
de forma permanente, y dos nuevos discos –*Guilty as Charged* (1994) y *Two
Monkeys* (1997)– los mantiene en la memoria de los aficionados. A partir de
entonces se dedican a actuar de forma esporádica en *shows* y festivales, editan
un sexto trabajo en 2007 titulado *Here We Stand* y en 2012 celebran su cuarenta aniversario junto a Rancid (que a su vez celebraban su vigésimo) con
cuatro conciertos en Estados Unidos que agotaron taquilla.

Su última referencia hasta la fecha, ese *Forever* publicado en 2017, sigue
mostrando, en el fondo, a los mismos chavales del East End con los mismos
guitarrazos, las mismas melodías y las mismas historias del día a día en el
curro, en el barrio, en la calle.

COCKNEY REJECTS

Oi, Oi, Oi!

1978-presente
Londres, Inglaterra

Se podría decir que en los Cockney Rejects, al principio, todo quedaba en familia, o casi. Dos hermanos del East End, –Jeff y Mick Geggus, su cuñado Chris Murrell y un conocido mutuo, Paul Harvey–, formaban la banda en 1978, grababan una primera demo y al poco un siete pulgadas –«Flares n'Slippers»– que agotó tirada. En ese momento Murrell y Harvey serían reemplazados por Vince Riordan y Andy Scott, militantes hasta entonces en The Tickets, una banda vecina, con lo que quedaba conformado el *line up* considerado clásico. A partir de ahí recibirían su bautismo en directo en la Bridge House de Canning Town en junio de 1979, firmarían con EMI y al año siguiente lanzarían sus dos primeros álbumes –*Greatest Hits, Vol.1 y Vol.2*–

con apenas seis meses de diferencia. Del segundo saldrían singles como «Oi, Oi, Oi», que acabaría definiendo a todo un subgénero, o su mayor éxito en el Reino Unido, «The Greatest Cockney Rip-Off», una parodia del «Hersham Boys» de Sham 69.

Seguidores incondicionales del West Ham United, su versión de «I'm Forever Blowing Bubbles», himno oficioso del club, les conseguiría la adhesión de buena parte de los *supporters* del equipo, lo cual, unido a la temática camorrista de buena parte de sus letras, cimentó su fama de tipos duros. De hecho, ambos hermanos habían sido boxeadores y Vince Riordan era sobrino de Jack McVitie, un afamado gánster del East End. Pero aunque siempre habían rechazado las acusaciones de simpatizar con la ultraderecha, e incluso se habían mofado públicamente del British Movement, sus conciertos fueron progresivamente poblándose de *skins* y *hooligans* con ganas de bronca, y en no pocos de ellos acabaron a tortas con parte del público. Todo ello culminó el seis de junio de 1980 en el Cedar Club de Birmingham en un caótico, violentísimo concierto con decenas de heridos, ellos mismos incluidos.

EMI les rescinde el contrato tras su tercer disco *The Power and the Glory* (1981) y la banda, sin desterrar el Oi!, derivaría en sus siguientes discos –*The Wild Ones* (1982), *Quiet Storm* (1984)– hacia un indisimulado hard rock que les alejaba cada vez más del street punk de sus primeros tiempos. El abandono de Riordan en 1984 cerró la etapa más conocida de Cockney Rejects. A partir de ese momento, y siempre con los hermanos Geggus al frente, el grupo iría sorteando décadas sin retirarse nunca de forma oficial, editando algún disco cada mucho tiempo, viendo aparecer recopilaciones periódicamente y manteniendo en directo la energía que siempre les caracterizó.

Con la reincorporación de Riordan en 2016 y con la violencia prácticamente desterrada de sus *shows*, todo parece indicar que a la banda le quedan aún varios cartuchos por quemar.

COSMIC PSYCHOS
Salvajes a la australiana
1982
Melbourne, Australia

Esta banda de cafres australianos tiene sus orígenes en Spring Plains, un grupo formado por Peter Jones, Steve Morrow, Neal Turton-Lane y Bill Walsh. Definidos por el periodista australiano Ian McFarlane como «arty punk, entre The Birthday Party y Ramones», el grupo empieza a actuar con el nombre de Cosmic Psychos en 1985, poco después de que Turton-Lane y Morrow dejen su puesto a Ross Knight, para quedar convertidos en trío. Actualmente la formación la integran el propio Knight, Dean Muller y John McKeering.

El grupo apuesta por un punk rotundo en el que es tan importante la influencia citada de Ramones como la de Stooges o el hardcore que se había desarrollado en Estados Unidos durante los primeros años ochenta. Su primer EP, *Down on the Farm*, se publica en diciembre de 1985, aunque tendrán que esperar hasta 1987 para ver en las tiendas su debut en larga duración: un disco homónimo. Sin embargo, será el segundo disco, *Go the Hack*, el que acabará asentándolos como banda y mostrando toda su calidad. Manuel Beteta, especialista español en rock australiano, no duda en afirmar que «no hay opción a discusión: es el mejor disco australiano de punk de todos los tiempos. Ninguno puede hacerle sombra. Y lo llamativo es que creo que nunca nadie lo podrá superar». En 2018 publicarán su décimo disco, *Loudmouth Soup* ¿podrán ellos mismos superar aquel *Go the Hack*?

THE CRAMPS

Hermosos monstruos

1976-2009
Sacramento, California, Estados Unidos

Lux Interior (nacido Erick Lee Purkhiser) y Poison Ivy (bautizada como Kristy Marlana Wallace) estaban destinados a encontrarse. Su gusto por el rockabilly y el garage primigenio, así como por el cine de terror y la ciencia ficción de serie B, los unió en 1972 por primera vez y de por vida tanto en lo musical como en lo sentimental. Pasando primero por Akron, Ohio, aterrizaron en Nueva York en 1975 y no tardaron en meterse en la escena del CBGB que estaban cocinando, entre otros, los Ramones, Blondie, Mink De-Ville o Patti Smith con una primera formación que incluía a Bryan Gregory como segundo guitarra y su hermana Pam «Balam» a la batería (pasaría mucho tiempo antes de que decidieran incluir el bajo en su sonido). Cambiarían un par de veces más hasta encontrar a Nick Knox, de los Electric Eels, como fijo a las baquetas durante más de una década.

Siguieron las actuaciones en la ciudad, algún que otro single autoeditado y firman con Miles Copeland para I.R.S. Records; en junio de 1978 ofrecieron un *show* para los internos de un sanatorio mental, concierto que grabaron en vídeo y que sería editado años más tarde como *Live at Napa State Mental Hospital*. Grabaron dos singles más en Nueva York –que se reeditarían en el EP *Gravest Hits* (1979)– antes de que Alex Chilton se los llevara a Memphis para grabar su debut, *Songs the Lord Taught Us* (1980).

Justo después se mudaron de vuelta a la Costa Oeste. Instalados en LA, reclutan a Kid Congo Powers, guitarra de The Gun Club, pero durante la

grabación de su segundo álbum, *Psychedelic Jungle* (1981), se pelean con Copeland por tema de *royalties*; en consecuencia, pasan dos años sin poder grabar nada hasta que en 1983 editan *Smell of Female*, directo grabado en el
Peppermint Lounge de NYC. Su fama se acrecienta, especialmente en el
Reino Unido, llegando a su pico en 1986 con *A Date With Elvis*, al tiempo
que abandonan parcialmente su temática de serie B para darle más énfasis al
contenido sexual en sus canciones, potenciado por la siempre *sexy* imagen de
Ivy. Por esa época, además, encuentran en Candy del Mar la bajista que llevaban años buscando (incluso Ivy se había pasado a las cuatro cuerdas en los
últimos tiempos), pero pasarían casi cuatro años hasta su siguiente trabajo,
Stay Sick! (1989), con el que consiguieron entrar por primera vez en el top 40
británico gracias al single «Bikini Girls with Machine Guns».

Llegados a este punto, su sonido era ya un clásico. Fuertemente influenciada por el rockabilly, el rhythm and blues y el rock and roll salvaje de gente
como Link Wray o Hasil Adkins, así como por el garage de los sesenta y los
instrumentales de surf, ayudaron a establecer todo un nuevo género, el psychobilly, aunque su paleta sonora era más amplia que la de otras bandas del estilo.

Knox dejó la banda en 1991, siendo sustituido, tras algunos parches, por
Harry Drumdini. The Cramps, fieles a su lento pero seguro ritmo de edición,
lanzarían cuatro discos más entre ese año y su desaparición en 2009. *Look Mom
No Head!* (1991), *Flamejob* (1994), *Big Beat from Badsville* (1997) y *Fiends of Dope
Island* (2003) completaban una discografía ejemplar, ocho discos de rockabilly
punk que no pueden faltar en ninguna colección que se pretenda seria.

Por desgracia en febrero de 2009 Lux Interior moría de manera inesperada a causa de una disección aórtica, poniendo fin a una de las bandas
más personales, carismáticas y entrañables de la historia del rock.

D

D GENERATION

Herederos del punk neoyorquino

1991-1999, 2011-presente
Nueva York, NY

A principios de los noventa el punk neoyorquino no está de moda. De eso no hay duda. Aunque eso no impidió que cinco tipos decidieran que eran aquellos grupos que tocaban en el CBGB a mediados de los setenta los que iban a definir el sonido de su banda. Jesse Malin, conocido por sus aventuras al frente del grupo Heart Attack, Richard Bacchus, Danny Sage, Howie Pyro y Michael Willwood forman D Generation en 1991. Rápidamente se ganan una fama de destroza locales y salvajes que les va de lujo para conseguir una serie de adeptos a su proyecto. Tanto es así que ni siquiera pasan por el clásico disco publicado por una independiente, sino que en 1994 fichan directamente por EMI donde publicarán su primer disco homónimo. Pero la multinacional cambia de gerentes y su nueva dirección confía poco en aquellos tipos malcarados. Así que negocian la rescisión de su contrato y en 1996 fichan por Columbia a cambio de un buen puñado de dólares. Debutan con sus nuevos jefes entregando su disco más mítico, *No Lunch*, álbum que Charles Aaron describió en Spin di-

ciendo que «quieren envolver la sucia ciudad en tres tumultuosos minutos».
Incluso el durísimo David Fricke, caracterizado por sus agrias críticas, dio al
disco cuatro estrellas sobre cinco en *Rolling Stone*. Las cosas van de fábula, y
el grupo pasará sus siguientes tres años de gira, hasta que en 1999 publican
Through the Darkness, producido por Tony Visconti (David Bowie, T. Rex).
Tras la aparición del disco y por sorpresa, el grupo se separa.

Howie Pyro empieza a trabajar con Glenn Danzig, Michael Wilwood se
va de gira con Monster Magnet, Bacchus inicia un proyecto con el Hanoi
Rocks Sami Yaffa, y Jesse Malin desarrolla una interesante carrera en el ám-
bito del rock estadounidense clásico apadrinado por su colega Ryan Adams.
Con la misma sorpresa con la que se fueron, en 2008 actúan juntos en una
tienda de discos y se empieza a hablar de una reunión. Esta se confirma en
2011 con una mini gira que los trae incluso a España. Desde el primer momento los fans sueñan con un nuevo disco, pero éste no llegará hasta 2016
con el notable *Nothing Is Anywhere*, donde la banda muestra su madurez y
cierta rabia contenida respecto a sus discos de juventud.

THE DAMNED
Directos a la yugular
1976
Londres, Inglaterra

Dave Vanian, Captain Sensible, Brian James y Rat Scabies, cuatro nombres
grabados con letras de fuego en la historia del punk.

Debutantes en bandas hoy casi olvidadas como Masters of the Backside
o London SS, convirtiéndose en The Damned ayudaron y no poco a crear
el punk tal y como lo conocemos aunque, como recordaba Brian James años
después, tal vez de forma un tanto involuntaria: «Creíamos que tocábamos
rock'n'roll a gran velocidad, pero la periodista Caroline Coon acuñó el término *punk rock*, así que de repente «New Rose» fue el «primer single punk
británico». Todo sucedió muy rápido después de eso». En efecto, aunque
ya habían debutado en directo en julio del 76 teloneando a los Sex Pistols
en el 100 Club –repitiendo en septiembre–, fue el lanzamiento de «New
Rose» el 22 de octubre, cinco semanas antes del «Anarchy in the U.K.»,
lo que los convirtió en los primeros en desembarcar de modo oficial en las
playas del punk.

Tras la edición de «Anarchy», los Pistols se los llevaron junto a The Clash y los Heartbreakers de Johnny Thunders para su *Anarchy Tour of the UK*, la famosa y caótica gira con más de la mitad de fechas canceladas que terminó para Vanian y los suyos antes de tiempo, expulsados por Malcolm McLaren. Volverían a ser los primeros de la clase, en este caso en cuanto a elepés punk, al editar *Damned Damned Damned* en febrero de 1977. Producido por Nick Lowe, el álbum parió un segundo single –«Neat Neat Neat»– y los llevó en primavera a Estados Unidos (también en eso serían pioneros), donde su modo de tocar a toda castaña inspiraría a no pocos jóvenes para la primera oleada del hardcore estadounidense.

A su regreso y en una de esas decisiones un tanto estrafalarias, escogen al batería de Pink Floyd, Nick Mason, como productor para su segundo disco, tras no conseguir a Syd Barrett, que era su primera opción. El resultado, *Music for Pleasure* (1977) se llevó una buena tunda por parte de los críticos. Scabies, descontento a su vez, toma las de Villadiego y la banda entra en un impasse con varios miembros en proyectos personales, ninguno digno de mención. Volverían a la carga al año siguiente ya sin James y con Captain Sensible ocupando su puesto, y un evidente cambio de registro, en el que sin renunciar a la velocidad y al volumen, se mostraban más melódicos y daban más cancha a los teclados.

Una primera andanada de singles tras fichar por Chiswick Records –«Love Song», «Smash It Up»–, precedieron a *Machine Gun Etiquette* (1979), un híbrido de punk, pop, garage y psicodelia que entusiasmó, esta vez sí, a crítica y público. El doble *The Black Album* (1980) y *Strawberries* (1982) mantuvieron la dirección y el nivel, pero por la época del segundo, Captain Sensible empezó a tener que dividir su tiempo entre la banda y su incipiente carrera en solitario, decidiéndose por esta última y abandonando The Damned en 1984, siendo sustituido por Roman Jugg, hasta entonces en funciones de teclista.

Desde ese momento, con Vanian como única cabeza visible, The Damned cederían a la vertiente más gótica del cantante, caracterizado desde sus inicios por una imaginería vampírica heredada de sus tiempos como sepulturero. De esa nueva faceta nacería, bajo el manto de MCA, el álbum *Phantasmagoria* (1985), una excelente colección de canciones–«Grimly Fiendish», «Is It A Dream?», «The Shadow of Love»– en las que, eso sí, apenas quedaba rastro del punk de sus inicios. A principios de 1986 el single «Eloise», versión de un hit de Barry Ryan en 1968 les llevó al número 3 de los *charts*, pero el disco que vería la luz a final de año, *Anything* –a pesar de contar con buenos temas como «In Dulce Decorum» o «Gigolo»– no cumplió los objetivos esperados y la compañía rescindió el contrato mientras la banda preparaba un nuevo elepé. Ello precipitó la disolución del grupo y por ende de la etapa clásica de la banda. Dave Vanian transitaría los noventa al frente de los Phantom Chords, mezclando rockabilly y rock gótico, y The Damned vería diversas reuniones tras el reencuentro entre el cantante y Captain Sensible en 1996.

Desde entonces la banda ha publicado cuatro álbumes más –*Not of This Earth* (1995), *Grave Disorder* (2001), *So, Who's Paranoid?* (2008) y *Evil Spirits* (2018)– y se han mantenido en activo llegando a celebrar por todo lo alto su cuarenta aniversario con una gira conmemorativa y un *show* de gala en el Royal Albert Hall.

DEAD BOYS

Vinieron a por tus hijos

1976-1979, 2017-presente
Cleveland, Ohio, Estados Unidos

La génesis de los Dead Boys la encontramos tras la disolución de los seminales Rocket from the Tombs cuando dos de sus miembros –Cheetah Chrome y Johnny Blitz– se unen a Stiv Bators para formar un nuevo grupo llamado Frankenstein, llevándose además con ellos canciones de los Rocket como «Ain't It Fun», «Down in Flames», «What Love Is» o «Sonic Reducer» que no tardarían en formar parte del repertorio clásico de los Dead Boys.

Pero antes que eso, todavía (tra)vestidos en Frankenstein, llegaría a Cleveland Johnny Thunders, con quien Stiv haría buenas migas de inmediato. Y no había por entonces mejor carta de recomendación en Nueva York que ser amigo de Johnny, así que una vez deciden trasladarse a la Gran Manzana conocen a los Ramones y se presentan a Hilly Kristal para cerrar una serie de actuaciones en el CBGB.

Contaba Bators que al preguntarle Kristal por el nombre del grupo, se inventó otro ahí mismo: Dead Boys, y que cuando más tarde el resto de la banda vio los anuncios del concierto en el periódico lo fliparon. «¿Qué nombre más guapo, quiénes serán? —Ah, sí, somos nosotros, había olvidado decíroslo».

Guapamente bautizados, pues, no tardarán mucho en hacerse un nombre gracias a un sucio y agresivo directo que no deja a nadie indiferente. La lúbrica energía de Bators como *frontman*, unida a las guitarras de Chrome y Jimmy Zero y a la base rítmica de Blitz y Jeff Magnum lleva el punk un paso más allá de lo visto hasta el momento por el público neoyorkino: tocan alto, tocan rápido y aderezan la avalancha con mil y una animaladas: Bators se ahorca, se corta el pecho, se unta con nata, se toca el paquete mil veces y en una de esas, ya mítica, una de las camareras del CBGB sube al escenario durante el tema «Caugh You With the Meat in Your Mouth» y le hace una mamada. Pero todo eso hubiera quedado en nada si no hubiera quedado refrendado por un contrato con Sire y un debut hoy legendario –*Young Loud and Snotty* (1977)– con el single «Sonic Reducer» como mascarón de proa.

Grabado en los estudios Electric Ladyland en menos de tres días, la inexperiencia de Genya Ravan tras los controles dio un resultado un tanto artificioso, con demasiados efectos, y no sería hasta 1988, con las mezclas del ingeniero Bob

Clearmountain lanzadas como *Younger, Louder and Snottier (The Rough Mixes)*, cuando el disco reflejaría el verdadero sonido de la banda por aquel entonces. Viajan a Inglaterra y tocan con The Damned pero la reacción de la prensa es tibia y se vuelven para casa, a Miami concretamente (en un vano intento de alejarles de Nueva York y sus vicios), para grabar su segundo trabajo. El resultado –*We Have Come for Your Children* (1978)– pese a contar con buenas canciones volvió a adolecer de un productor apropiado; en este caso, Felix Pappalardi, el que fuera bajista de Mountain y que, según Chrome, no entendió de qué iban los Dead Boys. Ello, unido a la caótica vida de la banda y a una pelea en la que Johnny Blitz resultó apuñalado precipitó su final al año siguiente.

Bators debutaría en solitario con *Disconnected* (1980) antes de formar Lords of the New Church con Brian James de The Damned y Dave Tregunna de Sham 69. Los Dead Boys se reunirían esporádicamente a lo largo de los ochenta, reencuentros que se truncaron definitivamente tras la muerte de Bators en Paris en 1990, de un coágulo cerebral tras ser atropellado por un taxi.

Unos pocos conciertos en 2004 y 2007 parecían los últimos eventos a su nombre, hasta que en julio de 2017 Chrome y Blitz anunciaron una gira de reunión y el lanzamiento de *Young, Loud and Snotty at 40*, su primer trabajo regrabado para celebrar el cuarenta aniversario de su aparición.

DEAD KENNEDYS

La amarga voz de la conciencia

1978–1986, 2001–presente
San Francisco, California

Como tantas otras veces a lo largo de la Historia, un anuncio en una pequeña publicación –*The Recycler* en este caso– puso en contacto a varios músicos para acabar formando una banda. El anuncio lo puso el guitarrista Raymond Pepperell (más tarde conocido como East Bay Ray) y de él surgió uno de los mejores grupos americanos de hardcore punk, llamado a convertirse en leyenda, con Jello Biafra (Eric Reed Boucher) como cantante, Klaus Flouride (Geoffrey Lyall) al bajo, 6025 (Carlos Cadona) como guitarra rítmica y Ted (Bruce Slesinger) a la batería.

Habituales del circuito local de Frisco, el provocativo nombre de la banda les granjeó no pocas dificultades y la animadversión de parte de los medios, ninguno de ellos logrando frenar el crecimiento de una banda cuya

energía, mala leche e indiscutible calidad musical estaba llamada a hacer grandes cosas.

Tras la salida de 6025 en marzo de 1979 por las consabidas "diferencias musicales" que sirven para todo, en junio graban y editan su primer single, «California Über Alles», en el sello que comparten Biafra y Ray, Alternative Tentacles. Un segundo single –«Holiday in Cambodia»– precede a su debut *Fresh Fruit for Rotting Vegetables* (1980), un hito en la historia del punk de la costa oeste.

Poco después darían muestra de su carácter insobornable cuando fueron invitados a los *Bay Area Music Awards* para, según los organizadores, darle al evento una "credibilidad new wave". Craso error, señores. Porque a los quince segundos de salir a tocar «California Über», Alles Biafra detuvo a la banda diciendo al público: "Un momento, tenemos que demostrar que somos adultos. ¡No somos una banda de punk, somos una banda new wave!". Vestidos todos con camisas blancas y una enorme S negra pintada en la pechera, dieron la vuelta a las corbatas que llevaban a la espalda para formar el símbolo del dólar y se arrancaron con un tema inédito titulado «Pull My Strings», un despiadado bofetón a la industria musical con versos como "¿Es mi polla lo bastante grande, es mi cerebro lo bastante pequeño, como para que hagas de mí una estrella?".

Con su reputación creciendo gracias a cosas como esas –y a un cancionero imbatible-, Ted es reemplazado en enero de 1981 por D.H. Peligro (Darren Henley) poco antes de que surgiera la posibilidad de fichar por Polydor, a lo que Biafra respondió que en tal caso no contasen con él. No se dio la posibilidad, pues cuando la *major* se enteró de que el próximo single de la banda iba a titularse «Too Drunk to Fuck» salieron pitando por donde habían venido.

La entrada de Peligro y el EP *In God We Trust, Inc.* (1981) les muestra más agresivos tanto musical como líricamente, mientras que con su segundo elepé *Plastic Surgery Disasters* (1982) avanzan desarrollando un punk de estructuras mucho más elaboradas que las de gran parte de sus coetáneos. A estas alturas ya son un referente tanto musical como sociopolítico, abanderados de la crítica contra el fundamentalismo religioso, las clases acomodadas y en general todos los valores de la reaccionaria América de Reagan.

Se detendría entonces su trabajo en estudio durante un par de años en el que se dedican a girar por medio mundo y prestar más atención a su sello, por aquel entonces ya todo un referente del DIY.

Volverían en 1985 con *Frankenchrist*, igual de agresivos pero más experimentales y eclécticos, pero la calidad del disco se vio ensombrecida por la polémica suscitada por un poster insertado en el disco, obra de H.R. Giger's y titulado *Penis Landscape*, en el que se veían nueve penes y vaginas copulando. El Parents Music Resource Center (PMRC), una infame organización obsesionada con la censura artística les denunció por "distribución de material obsceno para menores" y aunque finalmente el jurado no llegó a un acuerdo y fueron absueltos, el disco encontró muchos problemas para su distribución. Cada vez más desencantados incluso con la propia escena hardcore, a la que acusaban de haberse vuelto estúpida y violenta, en noviembre de 1986 publicarían su último trabajo *Bedtime for Democracy* para anunciar su disolución sólo un mes más tarde.

En 2001 Ray, Peligro, and Flouride reformarían la banda, con Biafra rehusando unirse. La verdadera historia de los Dead Kennedys, no obstante, terminó en 1986.

DESCENDENTS
Cuando tú vas, yo vengo
1977-1988, 1995-1997, 2002-2004, 2010-presente
Hermosa Beach, California

Otro de esos grupos cuya carrera se puede contar por sus problemas de formación y sus rupturas son los Descendents. La banda, que muchos consideran fundadora junto a Bad Religion del hardcore melódico, da sus primeros pasos en Hermosa Beach, en 1977 en forma de trío integrado por Frank Navetta en la guitarra, Tony Lombardo como bajista y Bill Stevenson de

batería. Ésta será la formación que grabará su primer single, «Ride the Wild/
It's a Hectic World». Dos años después llega al grupo Milo Aukerman para
encargarse de la función de vocalista, convirtiéndose además en el miembro
más reconocible de la banda. Su llegada hace que la temática de las canciones
de la banda varíe y que se ocupen básicamente de temas banales como chicas,
comidas o coches, huyendo del contenido político que caracterizaba a la mayor parte de los grupos de la época.

En 1981 graban su primer EP con su nuevo cantante, *Fat*, al que seguirá al año siguiente su debut y también su mejor disco, *Milo Goes to College*.
Quince canciones en apenas treinta minutos cargadas de guitarras afiladas
y melodías pegadizas. Es difícil encontrar un grupo de punk rock posterior
que no se confiese influido por este disco, a pesar de lo cual la banda decide abandonar cuando Milo opta por regresar a la universidad a acabar sus
estudios de bioquímica. Bill Stevenson empieza a tocar con Black Flag y
el grupo permanece en barbecho hasta que en 1985 lanzan *I Don't Wanna
Grow Up*, con Navetta, siendo sustituido a la guitarra por Ray Cooper. El
movimiento es aprovechado por Lombardo para también bajarse del barco y
dejar su puesto a Doug Carrion. No serán los últimos cambios relativamente
inminentes. En 1986, y tras publicar *Enjoy!*, Cooper y Carrion abandonan y
dejan su puesto a Stephen Egerton y Karl Alvarez. Aunque el golpe definitivo vendrá cuando en 1987, justo al acabar la gira de *All*, su cuarto disco, Milo
vuelve a dejar el grupo, de nuevo atraído por la bioquímica y el trabajo en un
laboratorio. El resto decide no seguir adelante, sino que fundan una banda
alternativa a la que llamarán All, como su último disco llegando a lanzar 7
álbumes hasta 1995, momento en que los Descendents vuelven a la carga.

No hay dos sin tres, en 1996 Descendents publican *Everything Sucks* en el
que colaboran Navetta y Lombardo, con Epitaph, y Milo vuelve a largarse.
El resto vuelve a dedicarse a All, hasta que en 2004 vuelven a la actividad con

el EP *Merican* y el LP *Cool To Be You*, si bien no hacen demasiadas giras para presentarlos. Dos años más tarde, Frank Navetta, guitarrista original de la banda fallece a causa de un coma diabético y sus ex compañeros caerán en una profunda depresión que intentarán superar reuniéndose en 2010 para una mini gira por Australia. A partir de ese momento mantienen el contacto y, en 2016, publican su último disco hasta la fecha, *Hypercaffium Spazzinate*.

THE DICKIES

Punk ¿para niños?

1977

Los Ángeles, California

Stan Lee (guitarra), Billy *Remar* Club (bajo) Chuck *Bob Davis* Wagon (teclados, saxo y guitarra) Karlos Kaballero (batería) y Leonard Graves Phillips (voz) integran la primera formación de los Dickies, que arrancan sus aventuras en el verano de 1977 en el valle de San Fernando, en Los Ángeles. Se plantean llamarse The Imbeciles, aunque optan finalmente por el nombre de una camiseta, muy de moda en los sesenta, de cuello alto y sin mangas. Stan Lee y Billy Club han visto actuar a Ramones y The Damned, y están convencidos de que pueden dedicarse a lo mismo: música acelerada, cien por cien melódica. Billy, además, había tenido la suerte de estar en Inglaterra y había visto todo lo que se cocía allí alrededor del punk. Aquella música y aquel estilo de vida eran el futuro, y ellos querían formar parte de él.

No podemos obviar la forma en que Gras Phillips se convierte en cantante de The Dickies. Al llegar a la prueba para el puesto el tipo, en lugar de cantar, se dedica a dar saltos envolviendo a sus compañeros en una cinta de película de 8 mm con las aventuras de Bugs Bunny. Evidentemente es rechazado, aunque luego se lo repiensan y su imaginario de muñecos y sus extrañas *performances* se convertirán en uno de los grandes rasgos diferenciales del grupo.

Gracias a la ayuda de un amigo, locutor de radio, se estrenan nada menos que en el Whisky A Go Go, y a partir de ahí inician una frenética serie de conciertos que acabarán con la grabación de su primera maqueta a finales de 1977. Su extraño cruce entre los Ramones y el hardcore californiano empezaba a calar en el público. Esa maqueta llega a manos de A&M Records que les firmará un contrato por la friolera de 100.000 dólares. En apenas unos meses tienen listo su primer single con una versión del «Paranoid» de Black Sabbath por una cara y «I'm OK You're OK». De hecho, no será algo puntual, y las versiones de grupos aparentemente alejados a su propuesta será otra de sus marcas de fábrica (P.F. Sloan, Simon & Garfunkel o The Moody Blues serán algunos de los afortunados).

El primer largo de la banda se publica en 1979, *Incredible Shrinking Dickies*, con una reunión de prácticamente todos los singles que habían publicado anteriormente. Aunque la canción que definitivamente supondrá un antes y un después para el grupo es «Banana Splits», un tema utilizado como banda sonora de un programa infantil, editada como single en abril del mismo año y que los llevó a las 250.000 copias vendidas y un *top five* en UK. Hasta 2.500 niños se acercaron en Londres a su firma de niños. Un hecho que algunos utilizaron en su contra para asegurar que su punk estaba destinado al público infantil, nada más lejos de la realidad. La cosa va tan bien que en octubre también de 1979 publican su segundo disco, *Dawn of the Dickies*.

Los ochenta se caracterizarían para The Dickies por dos aspectos: las entradas y salidas continuas de miembros y, sobre todo, sus problemas con las drogas. De hecho, Bob Davis se suicida en 1981 agobiado por esa adicción y tras haber roto con su novia. Eso los lleva a publicar sólo cuatro discos en toda la década, *Stukas Over Disneyland* (1983), *We Aren't the World* (1986), *Killer Klowns from Outer Space* (1988) y *Second Coming* (1989). Y los noventa van por el mismo camino, o peor. The Dickies sólo editan un directo hasta que en 1995 llega *Idjit Savant*, grabado a la batería con Jonathan Melvoin, que morirá de sobredosis un año después.

Tenía que llegar, y en 1998 publican, por fin, un disco íntegro de versiones, *Dogs from the Hare That Bit Us*, donde se repasan a Uriah Heep, Iron Butterfly, The Beatles, Chip Taylor, The Knack o Donovan, entre otros. En 1999 publican *Still Got Live Even If You Don't Want It*, y un año después *All This and Puppet Stew*. Tras eso, y aunque aseguran que el grupo no se ha separado nunca oficialmente, apenas han editado algún recopilatorio y un par de discos en directo.

THE DICTATORS

Dictadores del punk neoyorquino

1973-1979, 1991-presente

Nueva York

Imposible hablar de punk-rock neoyorquino sin hablar de The Dictators. En especial debemos pararnos en la figura de su bajista y principal ideólogo, Andy Shernoff, ex editor del fanzine *Teenage Wasteland Gazette* en el que intentaba reflejar todo lo que pasaba musicalmente en los bajos fondos de la ciudad de los rascacielos. La primera encarnación de The Dictators la forman Shernoff, Ross Friedman y Scott Kempner a las guitarras y el batería Stu Boy King. Aunque todavía no es miembro permanente del grupo, algo que no tardará en suceder, de las voces de su disco de debut se encargará Handsome Dick Manitoba. Ese disco es *Go Girl Crazy* (1975), en el que ya colabora Ross *The Boss* Friedman, futuro guitarrista de Manowar. Un trabajo que el periodista John Holmstrom definirá como el «mejor disco de punk publicado por una banda neoyorquina». Curiosamente, a pesar de la buena prensa, el grupo decide separarse a finales de año, aunque apenas tardarán unos meses en reunirse, incorporando a Mark *Animal* Mendoza al bajo, para que Shernoff pueda ocuparse de los teclados. Así lo hace en *Manifest Destiny* (1977) que incluye una versión del «Search & Destroy» de los Stooges. Un álbum del que ellos mismos reniegan, especialmente por la producción, algo que no les sucede con *Bloodbrothers* (1978). En éste, Mendoza se ha largado para entrar en Twisted Sister y Shernoff ha retornado al bajo para grabar un espléndido trabajo que incluye uno de sus grandes éxitos,

«Stay with Me», y su gran tema mediático, «Baby Let's Twist». Su estilo es claro; punk rock neoyorquino 100 x 100 genuino. Pero el grupo vuelve a disolverse. Mientras discográficamente editan en 1981 *Fuck'Em If They Can't Take A Joke*, un recopilatorio de temas anteriores y algunos inéditos, Manitoba se mete a taxista, Shernoff se concentra en su trabajo de productor y de compositor (los Ramones grabarán algún tema suyo), Ross *The Boss* dedica sus cinco sentidos a Manowar y Scott Kempner a The Del-Lords.

En 1986, Shernoff y Manitoba se unen a Daniel Ray y montan Wild Kingdom, grupo con el que acabarán publicando el disco *And You?* (1990), bautizados como Manitoba's Wild Kingdom. Aunque no esté firmado por ellos, los fans lo consideran el cuarto álbum de The Dictators, ya que Rey, en el momento de su publicación, había sido sustituido por Ross *The Boss*. Las críticas son magníficas y en *Rolling Stone*, por ejemplo, lo nombran «el primer gran álbum de punk rock de los noventa». Aunque va a ser lo único que el grupo haga como tal en esa década.

2001 representa el retorno al primer plano discográfico de The Dictators, con la publicación de *D.F.F.D.*, un álbum que Shernoff define como «probablemente el último con canciones nuevas de la banda». En 2005 se edita el directo *Viva Dictators* y en 2007 el recopilatorio de rarezas *Every Day Is Saturday*. Aparentemente finiquitada la banda, Manitoba decidió seguir adelante. Primero lo hace con su propio nombre y luego, a partir de 2013 como Dictators NYC. Entre sus filas, de hecho, se alinean Ross *The Boss*, JP *Thunderbolt* Patterson, que ya estuvo en tiempos de *D.F.F.D.*, Daniel Rey y el bajista Dean Rispler (ex Murphy's Law). En 2015, el grupo, lanza incluso un single, «Suply & Demand» y, desde entonces, no han parado de salir de gira regularmente.

DROPKICK MURPHYS

Tipos duros

1996

Boston, Massachusetts, Estados Unidos

La huella irlandesa en Boston –echando la vista atrás desde el siglo XXI– es de sobras conocida, no sólo en Estados Unidos sino internacionalmente. De hecho, que el equipo de baloncesto de la ciudad se bautizara como Celtics no es ninguna casualidad. Una herencia que se puede constatar en un amplísimo legado histórico y cultural al que añadir, sin complejo alguno, a Dropkick

Murphys. Nacidos en 1996 en Quincy, un suburbio al sur de la metrópolis, trabajaron sin descanso el terreno a base de giras y varios discos de meridiano punk cervecero –*Do or Die* (1998), *The Gang's All Here* (1999), *Sing Loud, Sing Proud!* (2001)– hasta que en el año 2004, casi una década después de su formación, consiguen un cierto éxito con un EP en el que versionan «Tessie», himno oficial de los Boston Red Sox, el equipo de béisbol local.

A partir de ese momento, la banda liderada por Ken Casey –cantante y bajista nacido en Massachusetts de padres irlandeses– no dejó de crecer, publicando discos cada vez más redondos así como un buen ramillete de canciones que son ya historia del punk contemporáneo: «I'm Shipping Up to Boston», «The Boys Are Back», «Going Out in Style», «Rose Tattoo»…

Ásperos y potentes, muy punks dentro de lo celta, ellos mismos han explicado en más de una ocasión que su conversión llegó, inopinadamente, de la mano de «Barroom Hero», el primer tema que escribieron juntos. Al interpretarlo tanto en el local de ensayo como en directo, cayeron en la cuenta de lo mucho de irlandés que tenía la melodía vocal. Habiendo previamente rechazado la música tradicional de sus ancestros por cuanto consideraban que era música de (sus) viejos, folclórica y caduca, de repente asumieron que esa herencia los había influenciado a todos ellos aunque fuera de modo inconsciente, así que no dudaron en incorporarla a sus esquemas punk, para terminar fusionándolas.

Tipos duros de verdad más allá de la pura imagen, con orgullo de clase trabajadora, con una sed inagotable y de sangre irlandesa la mayoría, nunca han escondido sus simpatías demócratas. Durante las presidenciales del 2004, formaron parte activa de Punkvoter, una coalición activista que trataba de derrotar a George W. Bush, al tiempo que contribuían al segundo volumen del recopilatorio *Rock against Bush* con el tema «We Got the Power».

A día de hoy, gracias a discos tan notables como *The Warrior's Code* (2005), *Going Out in Style* (2011) o *Signed and Sealed in Blood* (2013) y muy especialmente a un directo con muy pocos rivales, del que han dejado muestra en álbumes como *Live on St. Patrick's Day* (2002) o *Live on Lansdowne, Boston MA* (2010), Dropkick Murphys se han convertido en referencia de primer orden –con permiso de Flogging Molly y The Real McKenzies– en lo que a celtic punk se refiere.

DWARVES
Lo bruto, si breve
1985
Chicago, Illinois, Estados Unidos

Los Dwarves tomaron forma a mediados de los ochenta en los suburbios de Chicago, bajo el nombre de Suburban Nightmare. Cuatro amiguetes del instituto con la mirada puesta en el rock garagero de los sesenta, hasta que un día se dan cuenta de que la escena del Paisley Underground no es la suya, y que tal vez sean punks: los echan de casi todos los clubs, acaban a tortas con la mitad de los colegas y la música que de verdad les gusta es rápida y potente. Así que tras un primer trabajo –*Horror Stories* (1986)– editado en Voxx, subsidiaria de Bomp especializada en sonido *sixties*, se mudan a San Francisco y pronto se ven inmersos en el marasmo grunge, al que se adscriben tangencialmente gracias a Sub Pop. Con el sello de Pavitt y Poneman y ya instalados en un hardcore punk aceleradísimo, cortante y líricamente mugriento, editarán tres títulos imprescindibles del punk de los noventa: *Blood Guts & Pussy* (1990), *Thank Heaven For Little Girls* (1991) y *Sugarfix* (1993).

Pero su carácter irreverente y gamberro, casi descerebrado en ocasiones, los llevó a perpetrar un bromazo que ha pasado a los anales del punk rock: poco después del lanzamiento de *Sugarfix*, anunciaron que su guitarrista HeWhoCannotBeNamed –que suele tocar en gayumbos, si no en pelota picada, y con el rostro cubierto por una máscara de luchador mexicano– había sido asesinado en Filadelfia, y pidieron a Sub Pop que emitiera un comunicado de prensa oficial. Blag Dahlia, *frontman* de la banda, llegó a proporcionar

una dirección a la que el sello podía enviar flores y condolencias. Cuando se descubrió el pastel, Sub Pop les dio la patada *ipso facto*.

Pasaron entonces a Epitaph, con los que publicaron *The Dwarves Are Young and Good Looking* (1997) y *Come Clean* (2000), dos nuevas patadas en la entrepierna, con un minutaje irrisorio (marca de la casa) y toneladas de mala baba.

A partir de este punto amplían su paleta de influencias, incorporando al chasis original escupitajos de rap, pop, surf y rock'n'roll clásico, todo ello pasado por el túrmix y regurgitado con virulencia. Espacian lanzamientos –*How To Win Friends and Influence People* (2001), *Must Die.* (2004), *Are Born Again* (2011), *Invented Rock & Roll* (2014)– y mantienen el nivel de broncas y peligrosidad en sus conciertos. En sus bolos el público brinca, poguea, sube al escenario, hace *stage diving* como si no hubiera mañana y, en general, lleva el devocionario punk bien aprendido, aunque ello implique alguna pequeña fractura o un poco de sutura aquí y allí.

Provocadores impenitentes, a la agresividad de su música y a unas letras que, como decíamos, van de lo dadaísta a lo escatológico, adjuntaron ya desde los tiempos de Sup Pop una imaginería gráfica que ha hecho de las portadas de sus discos auténticas obras de arte blasfemas. Protagonizadas muchas de ellas por el actor enano Bobby Faust acompañado de varias jóvenes modelos desnudas, el buen mal gusto exhibido en muchas de ellas es la perfecta puerta de entrada a cada uno de sus álbumes, un umbral recargado de lujuria y sexo chungo para un punk tan visceral como ajeno al compromiso.

E

THE EX

Experimentando, que es gerundio
1979
Ámsterdam, Países Bajos

Si quieres montar un grupo con otros tres colegas y no tienes muy claro qué instrumento escoger, de toda la vida lo mejor es decidirlo sacando la pajita más corta. O al menos así lo hicieron Jos Kley (alias G.W. Sok), Terrie Hessels y compañía cuando formaron The Ex en 1979, de lo cual se deduce que unos virtuosos precisamente no eran. Cuatro zagales holandeses que con la lección punk bien aprendida se pasan ese año y parte del siguiente tocando en centros cívicos y *squats* hasta debutar en verano con un primer single y en octubre con su primer elepé, *Disturbing Domestic Peace*, al que seguirán *History is What's Happening* (1982) y *Tumult* (1983). Comprometidos con docenas de causas (desde salvar un antiguo caserón histórico a una gira en beneficio de los mineros británicos en huelga o un single a favor de los rebeldes en El Salvador), empiezan a tocar fuera de sus fronteras, especialmente en Alemania y Suiza, mientras mantienen un ritmo de producción –singles, flexi-discs, splits, canciones en compilaciones– absolutamente taquicárdico, una constante (junto con los cambios de personal) en buena parte de su carrera, sus propios elepés aparte. De hecho durante los ochenta van a disco por año como mínimo, alguno incluso doble como *Blueprints for a Blackout* (1984) en el cual empiezan a experimentar con estructuras musicales más complejas e instrumentos prácticamente inéditos en el punk como el violín, el oboe o las marimbas.

Ello los llevará a evolucionar musicalmente desde el anarco punk de sus inicios a un postpunk experimental que se acercará al folk de latitudes inhabituales como Turquía o Hungría, a la música africana e incluso a la no wave neoyorquina. Un eclecticismo que se verá reflejado asimismo en sus colaboraciones: Chumbawamba (en ocasiones bajo el seudónimo Antidote), Dog Faced Hermans, el cello avant-garde Tom Cora (con el que grabarán dos discos a principios de los noventa), Tortoise o Sonic Youth por citar sólo algunos.

Sólidamente instalados en el terreno de la improvisación, cubriendo sus cimientos punk con diversos planos en los que se superponen músicas del mundo y free jazz en un edificio sonoro tan valiente como arriesgado, transitarán por las siguientes décadas a lomos de un vanguardismo que dejará obras tan sorprendentes como *Mudbird Shivers* (1995), *Dizzy Spells* (2001) o *Moa Anbessa (2006)*, este último junto al saxofonista etíope Getatchew Mekuria.

2009 vería la despedida de G.W. Sok, cofundador de la banda junto a Hessels, en busca de nuevos proyectos. Con su sustituto Arnold de Boer –proveniente de sus compatriotas Zea–, The Ex encararían la nueva década sin vaivenes reseñables, perseverando en su particular concepto musical. Un concepto abierto, libérrimo, ignorante de frontera alguna.

THE EXPLOITED

Supervivientes

1979

Edimburgo, Escocia

Nombre ineludible del llamado UK82 o segunda ola del punk británico, The Exploited nacieron en temprana formación con Terry Buchan (vocals), Stevie Ross (guitarra), Alan Paget (bajo) y Andy McNiven (batería) aunque pronto el hermano de Terry, Wattie –ex soldado de su majestad y punk a tiempo completo por el Londres del imperdible– le reemplazaría al frente del combo, siendo el único miembro que se ha mantenido estable a lo largo de su trayectoria.

Muy influenciados por el oi! y el street punk en sus inicios, en 1980 el grupo fundó su propio sello, Exploited Records, con el que editaría ya sus

primeros singles y EP, así como su debut *Punk's Not Dead* (1981), tras el cual pasarían a abrazar abiertamente el sonido hardcore que los haría famosos (veloz y agresivo, heredero del punk clásico pero un tanto pasado de revoluciones) con tres pepinazos como *Troops of Tomorrow* (1982), *Let's Start a War... (Said Maggie One Day)* (1983) y *Horror Epics* (1985). Tres títulos que, no obstante, decantarían en un nuevo periodo, abierto con el álbum *Death Before Dishonour* (1987) en el que mutan a un sonido crossover thrash que se convertirá en seña de identidad de la banda a partir de entonces, continuado con *The Massacre* (1990) –su disco más vendido hasta la fecha– *Beat the Bastards* (1996) y *Fuck the System* (2003).

Tras *Fuck the System* Wattie y sus muchachos han continuado sacando discos recopilatorios y trabajos en vivo, pero ninguna nueva referencia en estudio; han viajado incansablemente por todo el globo, en giras y festivales casi anuales, un ritmo de viaje que tal vez fuera el motivo del infarto que sufrió el cantante en febrero de 2014 en el escenario, durante una actuación en Lisboa junto a Hatebreed y Napalm Death. Felizmente recuperado, ese mismo año consigue un contrato con Nuclear Blast Records por el cual vería reeditados muchos de sus álbumes más conocidos.

Considerados, junto a GBH y Discharge, uno de los tres nombres imprescindibles del hardcore punk británico, se les ha metido en toda clase de sacos: oi!, punk rock, thrash, speed, punk metal, mientras por su parte ellos se han metido en toda clase de jardines, de los que no siempre han salido bien parados. Su afición, al principio, por las esvásticas, y ciertas declaraciones y posturas reaccionarias, por no decir otra cosa, les granjeó el sambenito de ultras. Y aunque muchas de sus letras tienden al anarquismo ellos siempre se han definido como apolíticos, y han negado las acusaciones que los tildan de fascistas.

F

FUGAZI

Fundadores del posthardcore
1987
Washington D. C.

En el texto dedicado a Minor Threat, unas páginas más adelante, ya hablaremos de las peripecias de Ian MacKaye previas a Fugazi, pero ahora toca hablar del grupo que, probablemente, le vaya a permitir tener un puesto más destacado en la historia del rock. Fugazi, marcados por la filosofía *Do it yourself* (hazlo tú mismo) que los llevó a la total independencia siempre han sido considerados uno de los grandes grupos del posthardcore, género musical derivado del hardcore punk, uno de cuyos ejes neurálgicos, si no el que más, se sitúa en Washington D. C. De hecho, casi podemos considerar que Fugazi fueron los inventores del término *posthardcore*. Y es que a la prensa se le hacía muy difícil calificar aquel estilo que partiendo del hardcore punk de Bad Brains, Teen Idles o Minor Threat (estos dos últimos con MacKaye de protagonista) introducía una serie de elementos sonoros, casi experimentales, difíciles de definir y encasillar en algún lugar. Así que lo más fácil fue inventar una etiqueta para ellos.

Cuando Ian MacKaye decide fundar Fugazi con Brendan Canty, Joe Lally, y Guy Picciotto, ya es un músico respetadísimo en la escena *underground*. Sus pasos previos, incluyendo Embrace, grupo previo a Fugazi, donde optó por un estilo de música menos acelerado le habían colocado en una situación ideal para poner en marcha un nuevo proyecto y no partir de cero. Eso es Fugazi. Cansados de los bandazos que todos los grupos satélites del punk y el hardcore van dando con las diferentes discográficas, desde el principio optan por encargarse ellos mismos de todo lo que respecta al grupo, ya sea cobrar las entradas de los conciertos, diseñar las portadas de sus discos o ayudar a limpiar el garito en el que han tocado la noche anterior. Quieren sentirse libres de ataduras, no sólo musicalmente, sino en todos los sentidos. Por ello MacKaye crea Dischord Records, junto a Jeff Nelson y Nathan Strejcek, para poder encargarse de todo y demostrar que se puede salir delante desde la más flagrante independencia.

Tras varios EP, en 1989 editan *13 Songs*, que no deja de ser más que un recopilatorio de esos lanzamientos previos. Por ello suele considerarse que su primer disco real es *Repeater* (1990) que, en apenas un año, alcanza la nada despreciable cifra de 100.000 copias vendidas. Aaron H, en Punk News, escribirá que «el grupo se expande hacia un punk más melódico con una fórmula diferente en las canciones [...]. El canto de Ian es más tolerable en este disco, ya que canta la mayor parte del tiempo en lugar de gritar. La sección rítmica actúa con fuerza con la guitarra distorsionada al frente». Las salas de menos de mil personas se les han quedado pequeñas y las discográficas importantes llaman infructuosamente a su puerta. Todos sus lanzamientos serán publicados por Dischord Records: *Steady Diet of Nothing* (1991), *In on the Kill Taker* (1993), *Red Medicine* (1995), *End Hits* (1998) y *The Argument* (2001). Tras este último, entran en un parón indefinido en el que se mantienen, con MacKaye dedicando su tiempo a producir y a su nuevo proyecto The Evens.

GALLOWS

Aullidos

2005

Watford, Hertfordshire, Inglaterra

La irrupción en 2005 de Gallows en el panorama hardcore punk británico supuso un soplo de aire fresco. Y en apenas un año los de Watford convirtieron el aire fresco en un auténtico vendaval con *Orchestra of Wolves* (2006), uno de los debuts más potentes en lo que llevamos de siglo. Editado en UK por In at the Deep End Records, el álbum llegó a oídos de Brett Gurewitz, guitarra de Bad Religion, que no perdió un segundo en publicarlo en Estados Unidos bajo el manto de su sello, Epitaph.

Un 2007 de festival en festival (Warped Tour, Download, Taste of Chaos, Reading…) los devuelve al estudio para preparar su segunda andanada. *Grey Britain*, publicado en mayo de 2009 a través de Warner Brothers, será presentado a lomos del Vans Warped Tour, el festival punk de referencia en Norteamérica. Sería además el último álbum con Frank Carter como vocalista y el primero con su hermano Steph como segundo guitarra, componiendo y grabando.

A mediados de 2011 y arguyendo disparidad de criterios respecto al futuro musical del grupo, Carter marcharía para formar Pure Love, cediendo su puesto al canadiense Wade MacNeil, de los recién disueltos Alexisonfire, quedando la formación completada con Steph, el guitarra y fundador Laurent Barnard y la sección rítmica formada por Stuart Gili-Ross (bajo) y Lee Barratt (batería). MacNeil debutaría en Gallows –discográficamente hablando– con el EP *Death Is Birth* a finales de ese mismo 2011, cuatro temas de una agresividad inédita que llevaron a la crítica a calificarlo, casi unánimemente, como lo más bruto que habían grabado hasta la fecha, al tiempo que se congratulaban porque la banda hubiera pasado la prueba tras el abandono de su carismático cantante.

En septiembre de 2012 y a través del propio sello de la banda Venn Records, recién inaugurado, aparecería *Gallows*, el tercer disco del grupo, que recogía de forma inteligente la agresividad y la abrasión de sus dos primeros trabajos. Poco después, a principios de 2013, anunciaban que Steph Carter dejaba el grupo para centrarse en su propio proyecto, Ghost Riders in the Sky.

Convertidos en cuarteto y tras una nueva serie de festivales en verano de 2014, vuelven a Watford para preparar su cuarto disco de estudio. El resultado, *Desolation Sounds* (2015), descolocó en principio al grueso de sus seguidores, especialmente por algunos temas como «Bonfire Season», en un tono entre gótico y atmosférico inédito hasta entonces en su sonido, o «Cease To Exist», con una melodía que remite más al rock alternativo de los noventa que al hardcore punk marca de la casa. Buen disco en cualquier caso, marca un cierto cambio de tercio así como ofrece ciertas pistas de cara a una evolución a corto o medio plazo.

GBH

A mayor velocidad, menos errores

1978

Birmingham, Inglaterra

Aunque podemos fechar su nacimiento en 1978, Charged GBH (el nombre original, que rara vez se usa) no empezaron a reventar amplificadores en serio hasta 1981. Oriundos de Birmingham, el cuarteto formado por el cantante Colin Abrahall, el guitarra Colin *Jock* Blyth, el bajista Ross Lomas y el batería Andy *Wilf* Williams lanzaban ese año un 12 pulgadas a 45 rpm titulado *Leather, Bristles, Studs and Acne*, seguido por su debut en larga duración en 1982 con *City Baby Attacked By Rats*. Con ambos discos plasmaban lo que aquellos que los habían disfrutado en directo hasta entonces ya sabían: que eran una apisonadora. El disco pegó fuerte en las listas, llegando al número dos en los *charts* independientes, lo que los llevó a una legendaria aparición en el famoso programa de televisión «The Tube» tocando el single «Give Me Fire».

Repitieron jugada y éxito con su segundo elepé, *City Baby's Revenge* en 1983 y desde entonces nunca dejaron pasar demasiado tiempo entre un álbum y otro (alternando asimismo algún que otro directo), y construyendo una discografía casi ejemplar. Ello, unido al hecho de haber mantenido una formación estable con Colin, Ross y Jock fijos y sólo el puesto de batería viendo algunos cambios, y a su incansable ritmo de giras, tocando sin descanso ya fuera en el Reino Unido como en el resto de Europa y en América, los ha llevado a forjar una solidísima base de fans que jamás les ha dado la espalda.

Nombre fundamental de la segunda ola del punk (la llamada UK82) junto a The Exploited y Discharge, llevaron la agresividad del punk primigenio un paso más allá con sus discos y su directo, tanto a nivel musical (las baterías se aceleran, las guitarras se distorsionan), como lírico, mostrándose todavía más oscuros y pesimistas que sus predecesores y tomando al Partido Conservador y su líder Margaret Thatcher como piñata a la que golpear sin piedad. Siempre fieles a ese estilo que ellos mismos ayudaron a crear («tocábamos rápido porque era la única manera en que podíamos tocar, si tocas rápido tienes menos tiempo para cometer errores», declaraba recientemente Colin), tuvieron eso sí un breve flirteo con el metal a principios de los noventa, plasmado sobre todo en el disco *Church of the Truly Warped* (1992), pero no tardaron en volver por sus fueros en 1998 con el split *Punk as Fuck!!!* Junto a Billyclub y especialmente con el álbum *Ha Ha* en 2002.

GBH, por cierto, es el acrónimo de Grievous Bodily Harm (lesiones corporales graves), escogido por la banda cuando su bajista original, Sean McCarthy, fue acusado de ello en los inicios de la banda.

THE GERMS

El éxtasis de Darby Crash

1977-1980
Los Ángeles, California

Aunque The Germs se reformarían entre 2005 y 2009 gracias a la grabación de la película *What We Do Is Secret* sobre su carrera, apenas hicieron alguna gira y algún festival sin la presencia, claro está, de su líder fallecido, Darby Crash. Por eso es de justicia considerar que la banda, realmente, estuvo en activo entre 1977 y 1980.

Los miembros originales de The Germs (los gérmenes) fueron Darby Crash, cuyo verdadero nombre era Jan Paul Beahm, Pat Smear, seudónimo tras el que se escondía George Ruthenberg, Lorna Doom y Belinda Carlisle, que sin llegar a tocar en el grupo por una enfermedad sería sustituida a la batería por varios nombres hasta llegar al definitivo, Don Bolles. «Nos gustaban Iggy Pop, Queen, Suzi Quatro, The Runaways, Kim Fowley y New York Dolls» recordaba Lorna Doom. Unas influencias que Crash se encargaba de unificar. Y es que el cantante era capaz de coger aspectos de los Sex Pistols, unirlos con cosas que había visto en el CBGB y a eso añadirle la teatralidad de David Bowie o Iggy Pop. Su estilo era frenético, y sus directos eran inigualables con Darby rozando el éxtasis mientras tiraba comida al pú-

blico, se desnudaba o entraba con ellos en un pogo infinito. Por ello muchos los consideran la génesis del hadcore post punk

En 1977 publican su primer single, *Forming* en What Records, al que seguirá en 1978 su primer EP, *Lexicon Devil*, publicado por la independiente Slash, y en cuya portada añadieron la etiqueta «esta grabación puede provocarte cáncer de oído». Su único disco de larga duración *(GI)* llegaría en 1979 producido por la mismísima Joan Jett. Tras el disco, el grupo graba seis canciones para la banda sonora de *Cruising*, película interpretada por Al Pacino, cuyo productor musical es el célebre Jack Nitzsche. Poco después llega el final. Un cada vez más inestable Darby, a causa de su adicción a la heroína, se cansa del carácter bromista de Don Bolles y lo despide sin consultar al resto del grupo, para sustituirlo por su amigo Rob Henley. Eso crea dos facciones dentro del grupo con el cantante y Pat Smear poniendo en marcha una banda con el nombre del primero. Poco tardarán en volver a reunir a los Germs, a pesar de que Darby había amenazado en varias ocasiones con poner fin a su vida y parecía más necesario para él el ingreso en un centro médico que estar en una banda de punk. El 7 de diciembre de 1980, Darby Crash se suicida mediante una sobredosis de heroína. Algo que prácticamente pasaría inadvertido en el mundo del rock, ya que John Lennon sería asesinado al día siguiente. En 1996, diversos grupos que se confesaron deudores de la esencia de los Germs como D Generation, NOFX, Melvins, L7 o The Posies participaron en el disco tributo *Small Circle of Friends*.

GG ALLIN
La hez de Dios
Jesus Christ Allin
1956-1993
Lancaster, New Hampshire, Estados Unidos

Resulta muy difícil, por no decir imposible, encontrar un personaje tan extremo como GG Allin ya no en la historia del punk, sino en la del rock en general. El saco de basura que fue Allin en vida supuraba drogadicción, misoginia, blasfemia, violencia y coprofagia, un cóctel apestoso y purulento al que, para tratar de comprenderlo, habría que buscarle unos orígenes.

Orígenes que podemos encontrar en un padre tarado, fanático religioso que tenía a su familia casi esclavizada y que, a petición de Dios en persona, que se le apareció una tarde de ésas, bautizó a su segundo hijo nada menos

que como Jesus Christ Allin. Salir más o menos equilibrado de un ambiente tal parece complicado, y el pequeño GG creció acumulando ira, rencor y otros sentimientos no precisamente positivos.

No obstante, sus pinitos en el rock tocando la batería junto a su hermano mayor Merle en bandas como Little Sister's Date, Malpractice o The Jaggers no hacían anticipar lo que estaba por llegar. Incluso *Always Was, Is and Always Shall Be* (1980), su debut en solitario, es un correcto álbum de hard punk con claras influencias Stooges y totalmente audible en conjunto.

Pero desde mediados de los ochenta en adelante su creciente adicción al alcohol y la heroína fueron radicalizando su música, su conducta y sus actuaciones. En una de ellas en Peoria, Illinois, defecó por primera vez en escena, algo que se convirtió en costumbre y que junto a las agresiones a la audiencia y a sí mismo fueron convirtiendo sus *shows* en dementes ceremonias bañadas de sangre y heces.

Al mismo tiempo y ya desde su segundo disco *E.M.F.* (1984) y especialmente con *You Give Love a Bad Name* (1987) y *Freaks, Faggots, Drunks and Junkies* (1988), sus canciones se convierten en vómitos de un hardcore punk pasadísimo de vueltas, con una producción tan cutre y roñosa como los propios títulos de las canciones: «Suck My Ass It Smells», «Sleeping in My Piss», «Bloody Mary's Bloody Cunt», «Tough Fuckin' Shit», «Anti-Social Masturbator»… un continuo cacaculopedopis berreado por una voz que, si nunca fue de tenor, a cada día que pasaba se convertía más en un gruñido ronco y penoso.

Un arresto por agresión a una mujer le tuvo entre rejas entre diciembre del 89 y marzo del 91. Sólo salir se salta la condicional y se embarca en un nuevo *tour*, del que saldría el material para el documental *Hated* (1993), y graba el que se considera su disco más emblemático, *Murder Junkies* (1991) con Antiseen como banda. Será esa su época de mayor proyección, con apariciones televi-

sivas en programas como «Geraldo» o «The Jerry Springer Show» y planes
para una gira europea, que se irían al garete al morir de sobredosis en junio de
1993 en Manhattan. El funeral fue, por supuesto, tan grotesco y cochambroso
como cabía esperar. Un último adiós a la altura de su leyenda.

GOGOL BORDELLO
Inventando el gypsy punk
1999
Nueva York, Estados Unidos

La historia de Gogol Bordello se escribe a partir de una serie de hijos de in-
migrantes europeos que deciden reunirse en un sótano de Nueva York para
interpretar punk con los instrumentos de sus antepasados, léase violines,
acordeones o marimbas. La cosa, como no podía ser de otra manera, acaba
ocasionando una mezcla de estilos en el que el punk se abre también al cabaret o la música zíngara.

Al frente de un grupo con incontables miembros, y una cantidad ingente
de entradas y salidas de los mismos, se encuentra Eugene Hütz, un tipo seguidor por igual de la música de Funkadelic que de The Clash o Sex Pistols.
En 1999 debutan con *Voi-La Intruder* y en 2017 publican el que es ya su décimo trabajo, *Seekers and Finders*. Aunque probablemente su gran momento,
en cuanto a discos publicados, sucede en 2010, cuando el archiconocido productor Rick Rubin (Metallica, Johnny Cash) se encarga de los controles en
Trans-Continental Hustle, el que probablemente sigue siendo su mejor disco.
Veremos qué les depara el futuro.

THE GORIES

Algo más que revisitando viejos clásicos

1986-1993

Detroit, Michigan

Injustamente, en sus inicios The Gories fueron tratados simplemente como un grupo de revival punk que, a finales de la década de los ochenta dirigía sus miradas a los grandes del género. Pero el trío formado por Mick Collins, Dan Kroha y Peggy O'Neill era mucho más. De hecho pocos dudan de su influencia a la hora de revitalizar los sonidos más crudos y la aparición de grupos cercanos al punk en la última década del siglo xx. La primera vez que se tuvo noticias de su existencia fue con la inclusión de un par de canciones, «You Little Nothing» y «Give Me Love» en la recopilación de bandas noveles titulada *It Came from the Garage Vol. 2*, aparecida en 1987. Su primer larga duración llega en 1989. Titulado *House Rockin'*, bandas como The Oblivians, The New Bomb Turks o los mismísimos The White Stripes reconocerían la influencia de esa grabación en sus carreras. Su importancia quedó definitivamente confirmada con la grabación de la canción «Nitroglycerine» en 1990, uno de sus grandes éxitos que ha sido versionado por Supersuckers o Nine Pound Hammer entre muchos otros. Su segundo trabajo llega ese mismo año con *I Know You Fine, But How You Doin'*, al que sigue en 1992 *Outta Here*. Tras su disolución en 1993, provocada por la escasez de ventas, sus miembros siguen adelante con sus carreras. Especialmente destacables serán las de Mick Collins y Dave Kroha. El segundo se alejará de las guitarras afiladas para acercarse al blues, pero Collins formará rápidamente los también imprescindibles The Dirtbombs, en activo actualmente. Con ellos grabaría hasta siete elepés, el último de ellos *Ooey Gooey Chewy Ka-*

blooey (2013) donde seguirá mostrando su fiereza como cantante punk pero a la que añadirá ciertas dosis de glam, soul, garage e incluso pop. Su gran éxito, eso sí, queda lejos. Crítica y público parecen ponerse de acuerdo para considerar como su gran obra el legendario *Dangerous Magical Noise* (2003), producido por Jim Diamond, figura infalible de los sonidos guitarreros en Detroit.

GREEN DAY
Espíritu de renovación
1986
East Bay, California

Los orígenes de Green Day hay que buscarlos en Sweet Children, nombre que mantuvieron hasta que en 1989 lo cambian por el que los hará mundialmente conocidos. En un principio, el trío está formado por Billie Joe Armstrong, hijo de un músico de jazz, a las guitarras y voz, Mike Dirnt al bajo y John Kiffmeyer a la batería, aunque con el cambio de nombre cambian el puesto también tras los tambores para dárselo a su otro miembro definitivo, Tré Cool. Este tiene una productora, Lookout Records, que se interesa por el grupo y les edita dos discos, el EP *1000 Houses* (1989) y poco después el LP *39 / Smooth*, ya publicado con el nombre de Green Day, que pasan con más pena que gloria y hacen que Kiffmeyer, desilusionado, le ceda su puesto a Cool. Llegan a la conclusión de que si Mahoma no va a La Meca, La Meca irá a Mahoma, y se ponen a hacer giras como locos para que su música llegue a cualquier rincón del país. Tocan en casas ocupadas, clubes de skate, bares de mala muerte, institutos o barras americanas. Cualquier cosa sirve para granjearse un nombre. Y lo consiguen. Cuando a finales de 1991 publican *Kerplunk* ya tienen cierta reputación en el circuito más *underground*. El disco se convierte en el gran éxito de Lookout, alcanzando el poco tiempo las 10.000 copias vendidas, cosa que despierta la atención de la multinacional Reprise, subsidiaria de Warner Bros. Un acuerdo amigable con su antigua compañía los lleva a dar el gran salto en 1994. Lo que no sabían sus nuevos jefes es que iban a debutar con ellos con uno de los discos definitivos del punk de los noventa, el incontestable *Dookie*.

Hay un antes y un después de *Dookie* en la carrera de Green Day. Con Rob Cavallo a la producción, el disco entra como un ciclón en las listas de éxitos, llegando al número dos de Billboard y entrando en los *charts* en seis países más. Algo que ningún disco de punk rock podía soñar en aquel momento. Y es que el álbum lo tiene todo. Actitud punk y melodías pop. Una mezcla que no podía fallar. La prueba es que actualmente el trabajo ha alcanzado la friolera de diez millones de copias vendidas y que en la ceremonia de los premios Grammy de 1995 se llevó el título a mejor álbum de música alternativa. Por supuesto, las acusaciones de haberse vendido fueron en paralelo. Seguro que la banda pudo olvidarse fácilmente de esas acusaciones cuando a finales de la década, diversos medios especializados consideraban *Dookie* el segundo álbum más influyente de la década, sólo superado por *Nevermind* de Nirvana, citándolos como «renovadores del punk». Además, es el disco de «Basket Case» una pegadiza canción que estaría cinco semanas en el número uno ¿Podrían mantenerse a ese nivel?

Insomniac (1995) es su primera respuesta. Las cosas parecen mantenerse. En poco tiempo se planta en dos millones de copias vendidas y los lleva al puesto número dos de las listas, aunque no contenía ninguna canción de respuesta tan inmediata como «Basket Case». Así que el grupo decide experimentar y en 1997 publican *Nimrod*, un disco casi conceptual en el que tontean con el ska e incluso las baladas acústicas. La respuesta del público, en contra de lo esperado por su discográfica, no es mala, aunque es mucho más fría que en sus discos anteriores. Pero eso no iba a hacer que la banda, y en especial un Billie Joe Armstrong cada vez más convencido de su papel de líder, cambiaran de opinión. *Warning* (2000) supone su confirmación como grupo grande. Si algunos dudaban de si Green Day podían sobrevivir al fervor adolescente que transmitía *Dookie*, *Warning* es la respuesta. Un álbum magnífico, elogiado por toda la crítica aunque, eso sí, un fracaso comercial. El público no parece entender a esos Green Day que son capaces de ser unas fieras punk rock y luego interpretar un medio tiempo de influencias zíngaras. Pero los ocho premios que se llevan en el California Music Awards de 2001 demuestran que van por el buen camino. Además, aunque sus ventas de discos se hayan resentido, las de sus entradas de conciertos no lo han hecho, aunque iban a empezar a hacerlo. Había que encontrar una solución. Y la publicación del disco de grandes éxitos *International Superhits* (2001) y el álbum de rarezas *Shenanigans* (2002) no parecían ser el camino.

El golpe encima de la mesa tiene un nombre: *American Idiot* (2004). Habría que ver las caras de los capos de su discográfica cuando el grupo se presenta en sus oficinas para decirles que su siguiente trabajo va a ser una ópera rock protagonizada por un personaje llamado Jesus of Suburbia. El grupo toca de todo y todo bien, y el disco se convierte en un éxito casi tan rotundo como *Dookie*. Atacan al programa de televisión *American Idol* (en la canción del mismo título que el disco), al presidente Bush y a la concepción de nación norteamericana y, sorprendentemente, sus compatriotas se vuelven locos con ellos. Además, son capaces de «decir cosas» en un momento en el que el rock no destaca precisamente por su implicación política. Son una *rara avis*, porque lo hacen desde estadios llenos de miles de personas, pero lo hacen. Por algo revistas como *Rolling Stone* o *Kerrang!* lo incluirán en sus listas de mejores discos de la década.

Cinco años tendrán que pasar hasta tener de nuevo noticias discográficas de ellos. Las giras permanentes no les dejan meterse en el estudio y aunque empiezan a trabajar en su nuevo disco en 2006, éste no llegará hasta 2009 en forma de su segunda ópera rock, *21st Century Breakdown*. Otro éxito de crítica y de público. Quinto mejor disco del año para *Rolling Stone* y ganador de un nuevo premio Grammy como mejor álbum de rock. Green Day, además, han conseguido lo que nadie había conseguido en la historia del punk rock: ser un grupo punk de estadios. Se saben en racha, y eso hará que no paren de grabar. En 2012 publican hasta tres discos de manera casi simultánea, *¡Uno!*, *¡Dos!* y *¡Tré!*, que aunque no tienen el mismo calado que sus trabajos anteriores, los muestra en buena forma. Dos años después, son inducidos al Rock and Roll Hall of Fame, algo increíble para su edad y su estilo.

Revolution Radio (2016) es la última muesca discográfica en el fusil de Green Day. No mantiene el nivel de sus discos conceptuales, pero es un buen trabajo que, naturalmente, funciona muy bien. Más de 100.000 copias vendidas en su país en tres semanas, en una época en la que el disco físico anda de capa caída, lo demuestran. Aspectos estos que levantan suspicacias en gente como John Lydon (ex Sex Pistols) que aseguraría en algunas entrevistas que eso no era verdadero punk y que los odiaba. Quizá que alguien tan contradictorio y obsesionado con el dinero como Lydon declarara algo así debería ser considerado por Green Day otro de sus decenas de premios.

H

HARD-ONS

El grupo favorito de Joey Ramone

1981

Sídney, Australia

En 2011, con motivo de la visita de Hard-Ons a nuestro país leía en el magnífico blog Andoaingo Jubilatuak la mejor definición que probablemente se ha hecho nunca de su música: «mezcla de slamming punk ramalama y pop clásico, sus canciones aceleradas al estilo surfin' de los Ramones aderezadas con esos riffs hard 70's tan característicos de Blackie, su guitarrista. Tan tiernos como el bocado de un pit-bull, tan contundentes como el pan de molde». Poco más se puede añadir. O quizá simplemente la forma en que los define Manuel Beteta, experto en rock australiano, «mezcla de beach party punk surf trash skate hard rock, vitales ingredientes que no tienen inconveniente para conectar con cualquier veinteañero ávido de melodías punk-pop, riffs contundentes, sonidos trepidantes y actitud punk». Por algo estamos hablando del grupo favorito de Joey Ramone.

Se formaron a principios de los ochenta, cuando Peter *Blackie* Black quiso tener un grupo que sonara como los Sex Pistols. Blackie sólo había visto a los británicos por televisión, pero tuvo suficiente. Rápidamente convence a su amigo Keish de Silva para agenciarse una batería y empezar a tocar con él, que estaba aprendiendo a coger una guitarra. No tienen ni idea, pero aprenden juntos y consiguen acabar tocando en la fiesta del colegio. Empiezan llamándose Dead Rats, pero cambian su nombre rápidamente por el de Hard-Ons, algo así como «los empalmados». En 1982 fichan al que será su bajista definitivo, Raymond Dongwan Ahn y empiezan a tocar en bailes y fiestas de cumpleaños. Para que sus padres no vieran lo que hacían salían de casa vestidos como adolescentes normales, aunque llevaban en bolsas sus chupas de cuero, cadenas, imperdibles, chapas y demás parafernalia. Sin saber muy bien cómo, en 1985 publican su primer EP, *Surfin' on my Face* y se plantan en el número dos de las listas de discos independientes de

Australia. Por supuesto, las *majors* no tardaron en ir a por ellos, y firman con RCA, aunque su relación sólo dará como resultado un disco, *Smell my Finger* (1986). Las fricciones son constantes y rápidamente vuelven a la independencia para publicar en 1987 un magnífico LP homónimo. En él ya han ampliado su sonido y le han metido buenas dosis de power-pop, rock psicodélico y hasta metal. Los finales de los ochenta se verán completados con cuatro discos más y, sobre todo, con varias giras europeas que les demostrarán que tienen un público fiel al otro lado del mundo. Aunque uno de sus grandes sueños se cumple cuando en 1991 los mismísimos Ramones les piden que sean su banda telonera en su gira australiana. Ese mismo año lanzan el incontestable *Yummy!*, para muchos su mejor trabajo. Lo suyo es un no parar. Disco-gira-disco-gira. Aunque en 1994, y ante tanta presión, deciden tomarse un respiro. Poco les dura, y en 1997 vuelven a la carga con el EP *Yesterday and Today*. Aunque pronto iban a tener una baja importante. En 2000, tras publicar *This Terrible Plac*, Keish de Silva abandona, y para sustituirlo se les unen Pete Kostic de Regurgitator y Front End Loader. Ésa será la formación que en 2003 grabe *Very Exciting*. De Silva, eso sí, se mantendrá cercano al grupo y participará en muchos de sus discos. Kostic, por su parte, mantendrá el puesto de batería hasta que en 2011 es sustituido por Murray Ruse. Un año después, Blackie sufre un grave accidente con fractura de cráneo, y eso llevará a sus tres compañeros, De Silva, Ahn y Kostic a salir de gira para recaudar fondos para su cuidado. Tres meses tardará en recuperarse, y rápidamente empezará a trabajar en el siguiente álbum de la banda, *Peel Me Like a Egg* (2014) que ya presentará a Keish de Silva de vuelta definitiva en el grupo.

RICHARD HELL

Poeta en Nueva York

Richard Lester Meyers
2 de octubre de 1949
Lexington, Kentucky, Estados Unidos

Huérfano de padre a los siete años, el joven Meyers trabó amistad en el instituto con un tal Thomas Miller, que un tiempo después cambiaría su apellido por Verlaine, en honor al poeta francés. Pero antes de eso ambos descubrieron que compartían pasión por la poesía y la música, así que no tardaron en largarse de la escuela y empezar a dar tumbos. Richard acabó recalando en Nueva York a principios de los setenta, donde se dedicó a su faceta de poeta y de editor novel, fundando Dot Books y consiguiendo que sus escritos –en ocasiones bajo el seudónimo Theresa Stern– aparecieran en no pocas revistas literarias. En 1972 Verlaine se reunió con él y ambos fundaron Neon Boys, que al cabo de dos años y con la adición de un segundo guitarra, Richard Lloyd (Hell siempre tuvo el bajo como instrumento), se convertirían en Television y darían forma a la primera hornada de bandas punk nacidas alrededor del CBGB. No obstante poco después, en 1975, y por divergencias creativas varias, Hell y Verlaine partirían peras, lo que condujo a la partida del primero.

Casualidades de la vida, casi al mismo tiempo y en la misma ciudad, Johnny Thunders y Jerry Nolan se largaban de los New York Dolls. Y quiso el destino que los tres se juntaran a Walter Lure para formar los Heartbreakers. Con ellos Hell grabaría varias demos, pero saltaría del barco en apenas unos meses. Culo inquieto, casi de inmediato formaría Richard Hell and the Voidoids con Robert Quine, Ivan Julian y Marc Bell (poco después conocido como Marky Ramone). Al frente de los Voidoids editaría *Blank Generation* (1977), con temas que databan de su etapa con Television o incluso antes como «Love Comes in Spurts» o la propia canción que titulaba el álbum, todo un himno del género que ha trascendido generaciones, y un segundo álbum titulado *Destiny Street* (1982) de nuevo con pequeños clásicos del punk como «Time» o «The Kid With the Replaceable Head». Aquí se detendría su producción musical durante casi una década. Hasta 1990, concretamente, cuando por apenas unas semanas se involucró en una banda llamada Dim Stars, un proyecto en el que también participaban

Thurston Moore y Steve Shelley de Sonic Youth, el guitarra de Gumball, Don Fleming y su viejo colega Robert Quine. Encargándose Hell de bajo y voz y escribiendo todas las letras, de dicha colaboración nacieron un EP y un elepé –homónimos ambos– en 1991 y 1992 respectivamente.

Retirado desde ese momento de la escena musical, se centraría en la literatura y el periodismo, publicando varias novelas y centenares de artículos hasta el día de hoy. Una vida completamente ajena a los vaivenes del mundo del rock, del cual fue parte fundamental no sólo por haber estado en algunas de las bandas más influyentes del primer punk estadounidense, sino por haber sido pionero en una estética y unos eslóganes que a día de hoy son iconos del género. Y es que aunque aún haya quien crea que fueron los Pistols los primeros en llevar el pelo como si hubieran metido los dedos en un enchufe, y en vestir camisetas rasgadas y sujetas por imperdibles, la invención de ese look no fue cosa de Malcolm MacLaren sino que ha de atribuírsele en buena parte a Richard Hell. Y no olvidemos asimismo que el libro definitivo sobre la historia oral del punk, el celebérrimo e imprescindible *Please Kill Me* (1996), toma su título de un eslogan que el propio Hell imprimió en una camiseta en los tiempos del CBGB.

L

LAGWAGON

Definiendo el skate punk

1990

Goleta, California

Randall Joseph Cape, conocido como Joey Cape, funda Lagwagon en 1990. Personaje inquieto, Cape combinará su actividad principal en el grupo con otros proyectos, como Bad Astronaut, grupo de indie punk, y Me First and the Gimme Gimmes, más cercanos al punk rock. En 1992, Lagwagon debutan con *Duh*, a través de la recién estrenada discográfica Fat Wreck Chords, que sólo había publicado hasta entonces un siete pulgadas de NOFX. Su estilo es acelerado pero melódico, y la comunidad skate los adopta como sus buques insignia. En 1994 llega *Trashed*, con el que se enfrentan a MTV por su negativa a grabar un videoclip, y en 1995 su gran éxito, *Hoss*, considerado por varias listas uno de los diez mejores discos de punk de los noventa. El álbum incluye «Razor Burn», una canción que además los llevará a lo más alto de las listas. Rápidamente se los asocia a bandas como los citados NOFX, The Offspring, Green Day o Pennywise. Mientras, entra en el grupo Ken Stringfellow, ex bajista de The Posies que todavía aportará un sonido más pop a su punk rock de toda la vida. El grupo no para de hacer giras y participan en el prestigioso Warped Tour junto a bandas como Bad Religion, aunque la vorágine los supera.

En 1999, Lagwagon deciden tomarse un año sabático, pero el parón se alarga hasta 2002, para publicar *Blaze*, su disco de regreso en 2003. En 2005 publicarán *Resolve* y después tardarán nueve años en publicar material nuevo, algo que sucederá con *Hang* (2014). Por supuesto, un tiempo aderezado por permanentes rumores de disolución.

LUNACHICKS
Reinas del scumrock
1987-2000
Nueva York, NY

Si hay que buscar una influencia para el movimiento riot grrrl desarrollado a principios de la década de los noventa, Lunachicks no serían mala opción. Formadas en 1987, su música era una extraña mezcla de punk, metal y pop, y se confesaban amantes por igual de Ramones, MC5 o Kiss. Apologistas de lo escatológico, rápidamente fueron incluidas en el movimiento scumrock, siendo unas de las pocas bandas femeninas en ser aceptadas como defensoras de lo putrefacto. Amantes de los disfraces destacaba, por encima de todo, la curiosa apariencia de su líder, Theo Kogan, siempre con zapatos de plataforma, maquillaje en grado cataplasma, pelucas inmensas y vestidos ultracortos. Su primer contrato discográfico lo consiguen gracias a Kim Gordon y Thurston Moore de Sonic Youth, que las ven en un concierto y las recomiendan al sello británico Blast First. Con ellos graban un EP y poco después su debut, *Babysitters on Acid* (1990) que sólo tendrá distribución en Europa, aunque también aparecen en *New York Scum Rock: Live at CBGB*, un recopilatorio de bandas tocando en el mítico local neoyorquino. Su creciente fama en el *underground* norteamericano las lleva a marcharse de gira con The Dictactors al año siguiente.

En 1992, Lunachicks graban su segundo disco, *Binge & Purge*, con el sello independiente Safe House, y en 1995 vuelven a cambiar de sello para publicar *Jerk of All Trades*, esta vez a través del sello punk de Nueva York Go-Kart Records. Ya son una referencia para los grupos riot grrrl y además van de gira con Ramones, Rancid o NOFX. *Pretty Ugly* (1997), *Drop Dead Live* (1998) y *Luxury Problem* (1999) completan su discografía antes de separarse. Tras la disolución, Theo monta el grupo de electrónica Theo & the

Skyscrapers y empieza a trabajar como modelo, por lo que será repudiada por muchos de sus admiradores anteriores que entienden aquello como una clara ofensa a sus inicios punk. El grupo se reunirá puntualmente en 2002, para un mini concierto de 20 minutos en el CBGB, y en 2004 para otro mini *show* de cuatro canciones en un festival feminista en Washington, aunque nunca acabarán tomando la decisión de retomar su actividad.

THE LURKERS
Un nombre a reivindicar
1976-1979, 1982-1984, 1987-presente
Londres, Inglaterra

Procedentes de Uxbridge, al oeste de Londres, la leyenda cuenta que The Lurkers se formaron en 1976 en el Coach & Horses, un pub de Ickenham del que eran parroquianos; y cuenta también la leyenda que debutaron en la Escuela Técnica de su ciudad en diciembre, teloneando a Screaming Lord Sutch frente a una multitud de diez personas. Pero las cosas iban rápido en el Londres de la época, si tenías suerte, así que el cantante Howard Wall, Pete Stride como guitarra y compositor principal, Pete Haynes a la batería y Nigel Moore al bajo pasaron de ese paupérrimo primer registro a tocar para audiencias mucho mayores abriendo para The Jam, Eater y Slaughter & The Dogs en el primer trimestre del 77.

Fueron además la primera banda en fichar por el mítico sello Beggars
Banquet, cuya primera referencia fue también el single debut del grupo,
«Shadow», en julio, pero fue al año siguiente con los sencillos «Ain't Got A
Clue» y I «Don't Need To Tell Her», más el lanzamiento de su primer elepé
Fulham Fallout cuando consiguieron mayor atención mediática con una infa-
lible fórmula que bebía de Ramones y del pub rock a partes iguales.

Bandas de singles por excelencia, habituales en las recopilaciones de
punk, en enero de 1979 volvieron a dar en la diana con «Just Thirteen», su
quinto sencillo, que veinte años más tarde sería incluido en la lista de *Los
mejores singles de punk de todos los tiempos* elaborada por la revista Mojo.

Su segundo álbum, *God's Lonely Men* (1979) no fue ni mucho menos tan
apreciado como su debut, y ello precipitó una primera desbandada que Stride aprovechó para firmar *New Guitars in Town* (1980), un disco a medias con
John Plain de The Boys.

Regresaron en 1982 y firmaron por Clay Records, a los que entregaron
un puñado de singles y el disco *This Dirty Town* (1983) antes de volver a separarse, dejando tras de sí, especialmente con sus primeros singles, un brillante
repertorio injustamente infravalorado durante años y que incluso a día de
hoy sólo es reivindicado desde plataformas más o menos especializadas.

Desde finales de los ochenta el nombre se mantuvo tanto en directo
como discográficamente, pero en realidad se trataba sólo de Arturo Bassick
(el cual había sustituido a Moore durante unos meses en 1977) y varios músicos amigos.

Stride, Haynes and Moore volvieron a encontrarse en 2010 bajo el nombre The Lurkers: God's Lonely Men, grabando nuevo material –*Chemical
Landslide* (2012), *The Future's Calling* (2016)– y colaborando Danie Cox, cantante de The Featherz'.

LYDIA LUNCH

La reina de la No Wave

1959

Rochester, Nueva York

Uno de los afluentes del punk fue el llamado No Wave, una coña hacia la música New Wave, en la que se apostaba por huir de la comercialidad de esta para construir ¿canciones? sobre ritmos repetitivos huyendo muchas veces del concepto tradicional de melodía. Dando mucha importancia a la teatralidad y la *performance* poética, la reina indiscutible del género fue Lydia Lunch. Nacida como Lydia Koch, se inició en la música profesional con 16 años tras coincidir en el mítico Max's Kansas City con Alan Vega y Martin Rev, quenes la animaron a formar Teenage Jesus and The Jerks junto a James Chance. La actitud eminentemente punk de Lydia los hizo adquirir un nombre rápidamente en la escena neoyorquina. De hecho, cuatro de sus canciones se incluyeron en *No New York*, el recopilatorio con el que Brian Eno intentó plasmar lo que sucedía en la ciudad y qué era aquello de No Wave.

La vida del movimiento acaba justo al mismo tiempo en que desaparecen Teenage Jesus and The Jerks. Entonces, Lydia Lunch, tras un breve paso por Beirut Slump se lanza a una carrera en solitario que arranca discográficamente en 1980 con *Queen of Siam*. A partir de ahí, la artista empieza a acercarse a diversas facetas entre las que se encuentran las de guionista de cine, fotógrafa, escritora o actriz. Eso sí, sin abandonar nunca su faceta musical en la que ha picoteado de todos los géneros, del postpunk al cabaret, pasando por el jazz o incluso la electrónica. Eso la ha llevado a colaborar con artistas como Nick Cave, Rowland S. Howard, Kim Gordon u Omar Rodríguez-López. En 2017 se atrevía incluso con un álbum de versiones, *Under the Covers*, en el que con su particular visión repasaba temas de Tom Petty, Jim Morrison, Gregg Allman ¡y hasta Bon Jovi!

M

THE MEKONS

Cow punk made in Jon Langford

1977
Leeds, Inglaterra

Podríamos haber escogido a Jason & The Scorchers para representar al cow punk en esta lista, pero hemos considerado que The Mekons están un paso más cercanos al punk que el proyecto del imprescindible Jason Ringenberg. Además, los de Jon Langford cuentan con la curiosidad de ser británicos. Fundados en Leeds a finales de los setenta por el propio Langford y sus compañeros de instituto Kevin Lycett, Mark White, Andy Corrigan y Tom Greenhalgh, debutaron con una sátira del «White Riot» de The Clash, titulado «Never Been in a Riot». Su primer LP, *The Quality of Mercy Is Not Strnen* ya es publicado por una multinacional como Virgin, que se da cuenta rápidamente de que Langford es un auténtico genio. Sobre el disco, John Dougan escribirá en AllMusic que «es abrasivo y no tan fácil de asumir como sus registros posteriores, pero éste era un momento emocionante para el punk-rock británico. Esta música, tan densa y difícil, refleja las posibilidades aparentemente ilimitadas del punk».

Artista multi disciplinar, pintor, escritor y músico, este galés de nacimiento será capaz de mantenerse activo en diversas facetas a lo largo de toda su carrera. The Mekons será el grupo donde dejará salir su vertiente más punk, pero también conseguirá consolidar bandas como Waco Brothers, The Three Johns o su propia carrera en solitario. Tras su disco de debut, The Mekons desaparecen para regresar en 1985 con *Fear and Whiskey*, un trabajo en el que ya se han inclinado claramente por el country en cuanto a sonido. Desde entonces no han dejado de publicar álbumes y hacer giras puntualmente, aunque nunca volverán a sonar tan punk como en sus inicios.

THE MENZINGERS
La nueva esperanza blanca
2006
Scranton, Pensilvania

El origen de The Menzingers cabe buscarlo en Bob & The Sagets, banda de ska punk en la que encontramos a Tom May y Joe Godino a los que pronto se unirá Eric Keen. Para su debut discográfico, *A Lesson Tn The Abuse of Information Technology* (2007) cuentan con la producción de Jesse Cannon (Animal Collective, The Cure, Misfits, Limp Bizkit) y rápidamente consiguen el beneplácito de la crítica. El periodista Stewart Mason escribirá que «no sólo tienen un sonido punk *vintage*, sino que recuerdan específicamente a los punks de L.A. como Dils o The Zeros: letras sociopolíticas sobre melodías de tres acordes».

Los grupos de punks más veteranos se los rifan para ver sus *shows* y mientras van de gira con Against Me! llega a las tiendas su segundo trabajo, *Chamberlain Waits* (2010). Estaba claro que no tardarían en firmar por una discográfica importante y eso sucede en 2011 cuando estampan sus nombres en un contrato de Epitaph, la compañía de Brett Gurewitz, guitarrista de Bad Religion que no duda en asegurar que «me recuerdan al espíritu con el que yo empecé. Estos chicos son auténticos punkrockers». *On the Impossible Past* (2012) es su estreno con Epitaph y es tan solvente que varias webs especializadas en punk lo consideran el mejor disco del año. En España, por ejemplo, ocupará ese puesto para la revista Rockzone. Su siguiente LP será *Rented World* (2014), al que seguirá en 2017 el magnífico *After the Party*, considerado por la crítica como su obra cumbre hasta la fecha ¿No future? Con The Menzingers esa expresión carece de sentido.

MINOR THREAT
La esencia del hardcore punk
1980-1983
Washington D.C.

Los feroces Minor Threat, con Ian MacKaye al frente, son el grupo definitivo para entender el hardcore punk de Washington D.C. Rechazaban de plano las drogas y el alcohol, y apostaban por la sobriedad –no en vano son unos de los líderes del movimiento straight edge–, pero en escena eran unas auténticas bestias pardas que parecían buscar la destrucción del planeta. Lo hacían a través de canciones rápidas, casi sin tiempo a asimilarlas, a veces con escasos treinta segundos de duración. Letales muestras de furia que taladraban el cerebro del oyente. Con melodías prácticamente inexistentes u ocultas, que hemos descubierto años después cuando otros se han atrevido a versionar sus canciones.

El grupo se forma cuando Ian MacKaye recluta a Jeff Nelson, batería de Teen Idles, Lyle Preslar (guitarra) y Brian Baker (bajo). En 1981 graban una demo en casa de MacKaye y poco después vuelven a grabar lo que serán las canciones de su primer y homónimo EP. Un disco en cuya portada aparece el

hermano de Ian, sentado en unas escaleras tras un concierto, y que se convertiría en un auténtico icono de la cultura punk. Por ejemplo, Rancid quisieron rendirle un homenaje a la misma en su … *And Out Come the Wolves*. Un trabajo, además no exento de polémica, ya que en sus letras MacKaye ataca no sólo a la sociedad yanqui sino también a la propia cultura punk y su apuesta por el desenfreno, especialmente en lo que respecta al consumo de diversas sustancias.

En 1982, Brian Maker abandona el grupo y lo reemplaza Steve Hansen. Con esa nueva incorporación se meten en el estudio para grabar su único LP, *Out of Step*. El disco se convierte en un éxito a nivel *underground*, y eso no le encaja demasiado a MacKaye, obsesionado por permanecer en el anonimato por lo que decide separar a la banda. Curiosamente, él mismo acabaría en grupos con más repercusión mediática como Embrace y, sobre todo Fugazi. Brian Baker, por su parte, acabaría integrado en Bad Religion.

MINUTEMEN
Pavimentando el sendero alternativo
1980-1985
San Pedro, California, Estados Unidos

Dennes Dale *D.* Boon y Mike Watt eran amigos desde los trece años, cuando se conocieron en un parque de San Pedro, California. Aprendiendo a tocar juntos, en 1976 se les aparece el punk como una revelación y tras algunas bandas en periodo de pruebas construyen Minutemen en 1980 con Boon a la guitarra, Watt al bajo y George Hurley, batería de su anterior proyecto The Reactionaries para completar la formación.

Se estrenaron en directo como teloneros de Black Flag lo cual llevó a que Greg Finn, guitarra de estos, les editara un primer siete pulgadas en su sello SST. El single se vendió bien en los conciertos y para el año siguiente, cuando publicaron su primer álbum *The Punch Line*, ya eran un nombre reconocido en la pujante escena *underground* estadounidense. Con un punk ecléctico y muy personal y una filosofía bautizada como «jamming econo» basada en la sobriedad y austeridad de sus presentaciones, es el suyo un nombre del que beberán musical y éticamente docenas de artistas de la futura escena alternativa, mencionándolos habitualmente como referentes.

Los cuatro LP y los seis EP que editaron durante su trayectoria conforman una de las discografías más sólidas, coherentes y personales del hardcore estadounidense de los primeros ochenta, llegando a su punto álgido con el doble *Double Nickels on the Dime* (1984). Cuarenta y cinco temas en cuatro andanadas que conforman un impresionante fresco en el que a través del punk pero también del country, el funk y el jazz se diserta sobre temas políticos (derechos de los trabajadores, racismo, Vietnam) al tiempo que se filosofa y se llega a guiñarle el ojo al *Ulysses* de Joyce.

Adscritos al hardcore pero con una paleta sonora mucho más amplia que la mayoría de las bandas del estilo (con referentes como Gang of Four, Captain Beefheart o The Pop Group, no podía ser de otro modo), su adscripción a un sonido ligeramente más convencional en sus últimas grabaciones no tuvo continuidad al fallecer D. Boon en un accidente de tráfico en 1985. Watt y Hurley formarían Firehose en 1986 y seguirían con interesantes proyectos en solitario a partir de mediados de los noventa.

MISFITS
Truco o trato
1977-1983, 1995-presente
Lodi, Nueva Jersey, Estados Unidos

La historia de los Misfits puede y debe contarse en dos partes. El primer y más importante capítulo empieza en 1977 cuando el cantante Glenn Danzig y el bajista Jerry Only (los dos únicos miembros que se mantendrán estables a lo largo de la primera etapa) forman una banda de punk junto al hermano de Jerry, Doyle (pomposamente apellidado Wolfgang von Frankenstein) como guitarra y Manny Martínez a la batería. Inspirándose en los films de terror clásicos y la ciencia ficción de serie B, adoptan una imaginería (ropa, maquillaje, peinados) que dará base a todo un subgénero, el horror punk, del cual son imagen e icono.

Sus primeros años son exhaustivos en giras pero parcos en discografía. En su primer lustro apenas lanzaron media docena de singles y un EP –*Beware* (1980)– compilando varios de ellos hasta que en 1982 debutan en larga duración con *Walk among Us*, un disco grabado en distintas sesiones desde el año anterior y que contiene muchos de los temas que serán clásicos en su repertorio como «Skulls», «Hatebreeders», «Mommy, Can I Go Out and Kill Tonight?» o «Astro Zombies». Los *shows* de promoción del disco son cada vez más intensos, las peleas se suceden y el mal ambiente va creciendo. No obstante durante la gira por todo el país encuentran tiempo para entrar en un estudio a grabar la base instrumental para un nuevo EP, que terminaría siendo un elepé en toda regla tras añadirle Danzig un par de temas que había compuesto para el proyecto en solitario que andaba barruntando.

Earth A.D./Wolfs, más hardcore y metálico que su antecesor, sería el último lanzamiento de la banda en su periodo clásico. Tras sucesivos desencuentros entre Danzig y el resto, en octubre de 1983, durante su habitual concierto de Halloween en el Greystone Hall, la cosa llega al límite y el *frontman* anuncia en escena que aquél iba a ser el último concierto del grupo. De vuelta a casa, la disolución se hace efectiva. Danzig iniciará una carrera más cercana al heavy metal, con cuatro primeros discos que se pueden contar entre lo mejor del metal de principios de los noventa, mientras que durante más de una década el culto a su antigua banda fue creciendo, gracias a un imparable goteo de lanzamientos póstumos, –con el recopilatorio

Legacy of Brutality (1985) como título imprescindible– a la vez que crecían los conflictos legales entre los músicos por temas de derechos y *royalties*.

La segunda etapa del grupo comenzaría en 1995, cuando Jerry Only y Doyle deciden retomar la banda, esta vez sin Glenn al frente, una reunión que propiciaría el lanzamiento en 1997 de *Static Age*, el supuesto disco de debut que tenían finalizado en 1978 pero que diversos contratiempos relegó a los archivos hasta casi veinte años más tarde. Desde entonces Misfits han mantenido activo el nombre del grupo, grabando varios discos relativamente correctos –*American Psycho* (1997), *Famous Monsters* (1999)– hasta que a partir del año 2015 Danzig y Only, tras décadas de mal rollo, limaron asperezas y empezaron a ofrecer unos cuantos *shows* rememorando su primera etapa, conciertos que los fans menos veteranos han acogido como agua de mayo.

THE OFFSPRING

Punk súper ventas
1984
Huntington Beach, California

Pocas bandas consideradas punk pueden alardear de haber vendido más de cuarenta millones de discos. Quién se lo iba a decir a Bryan Holland (*a.k.a.* Dexter Holland) y Gregory Kriesel (*a.k.a.* Greg K) cuando una noche de 1984 deciden formar un grupo, cabreados porque no les han dejado entrar en un concierto de Social Distortion. Su reacción será montar Manic Subsidal, para poder ser ellos los que decidan quién entra y no entra a un concierto. Rápidamente fichan a Marcus Parrish, Jim Benton y Doug Thompson. Este último va a ser el encargado de cantar hasta que decide abandonar para dejar a Dexter como cantante. Fichan a Kevin Wasserman (Noodles) que, además, tiene la ventaja de ser el único mayor de 21 años, con lo que puede comprar alcohol para el resto de sus compañeros. Casi en paralelo a su entrada, cambian su nombre por el de The Offspring.

El grupo empieza a tocar, primero de manera local y luego atreviéndose a salir en furgoneta para viajar por toda California, para publicar su primer EP en 1986. Un disco del que fabricarían mil copias caseras que tardarían dos años en vender. No se desaniman y acaban consiguiendo firmar un contrato con Nemesis Records. Juntos publicarán su debut, con el nombre de la banda, y producido por Thom Wilson. Su estilo aparece totalmente definido desde el primer momento, punk rock melódico y skate punk son la línea a seguir, y no se desmarcarán de ella en toda su carrera. No es que el disco funcionara especialmente bien, pero, como mínimo, les permite llegar a Brett Gurwitz, capo de Epitaph y guitarrista de Bad Religion. Parecía que habían conseguido lo más difícil pero, en un primer momento, Brett los rechaza, así que vuelven a publicar un EP con Nemesis.

Su debut con Epitaph, algo que estaba cantado, se produce en 1992 con *Ignition* que vendió unas respetables 40.000 copias para tratarse de un grupo relativamente novel. Lo que ellos no sabían en ese momento es que estaban

a punto de dar un verdadero golpe encima de la mesa y que este iba a llevar por nombre *Smash*. Su tercer disco sale a la venta el 19 de abril de 1994 y «Come Out and Play», su primer single, empieza a sonar en todas partes. En la actualidad se calcula que el disco se mueve por encima de las 16 millones de copias. Estamos hablando del álbum publicado por una discográfica independiente más vendido de la historia, una barbaridad. Pero no es un tema de una sola canción. Cuando publican el segundo single de *Smash*, «Self Esteem» todo se desborda de nuevo y la canción alcanza de manera fulgurante el número uno de las listas. Además, *Smash* los llevaría a otro récord, y es que les permitiría realizar el concierto de punk más concurrido de la historia del género con 150.000 asistentes. Pero la influencia de este álbum va más allá de las copias vendidas o la asistencia a sus conciertos. *Smash* es junto a *Dookie* de Green Day el auténtico revitalizador del género en los noventa. Permitiendo que bandas como Bad Religion volvieran a primer plano y otras como Rancid, Pennywise o NOFX se consolidaran.

Aprovechando el éxito, Holland funda el sello Nitro Records, y reedita su disco de debut, que en poco tiempo alcanza el medio millón de copias vendidas. Su siguiente paso se ha de dar con cuidado y Epitaph lo sabe. No en vano estamos hablando del grupo que supone el 80% de los ingresos de la compañía y no pueden dar un paso en falso. Así que se toman su tiempo. Tres años tardarán en publicar *Ixnay on The Hombre* pero, a pesar de ese mimo, los resultados no serán los mismos. Además, Epitaph, insegura ante la continuidad del éxito, decide vender su contrato por una millonada a Columbia, quedándose con los derechos del grupo sólo para Europa. The Offspring, y en especial Holland, no lo entienden y se sienten traicionados, pero Epitaph acierta. Porque, aunque el cuarto disco de la banda es bastante bien recibido por crítica y público, las ventas no se acercan ni de lejos a *Smash*. Se quedan en cuatro millones de copias que, aunque es una cifra magnífica, queda muy lejos de las pretensiones de Columbia. Parecía que su mejor momento había pasado y que ahora ya sólo podían ir hacia abajo, hasta que en 1998 publican *Americana*, que se convierte en otro superventas, consiguiendo que su primer single «Pretty Fly (For a White Guy)» llegue a los 22 millones de descargas en internet ¡en una semana! El grupo copa las listas de varios países y demuestra que, a pesar del éxito, sigue conservando la esencia punk rock de sus canciones. *Conspiracy of One* (2000), mucho más melódico y cercano al power pop, y *Splinter* (2003) no funcionan igual. Y es que The Offspring sufrirán, como el resto de los grupos superventas, la explosión de las descargas ilegales por internet. El grupo se alejará del primer plano mediático al que no volverá hasta que en 2008 publican *Rise and Fall, Rage and Grace*, producido por el prestigioso Bob Rock. Los tiempos de vender millonadas de copias físicas han pasado pero a pesar de eso el disco consigue cuatro discos de platino y fue *top one* de ventas en países como Australia, Suiza, Francia o Austria. Cuatro años dejarán pasar hasta su décimo disco, *Days Go By* (2012), donde repetirán productor, y seis más hasta *Fishing For Panties* (2018). Aunque poco importa. El grupo sabe que disco que haga, disco que venderán a puñados. Y eso no puede decirlo cualquiera.

THE OUTCASTS
Huyendo de la marginación
1977-1985
Belfast, Irlanda del Norte

Blair Hamilton (voz), Greg Cowan (bajo), Colin *Getty* Getgood (guitarra principal) y los hermanos de Greg, Colin Cowan (batería) y Martin Cowan (guitarra rítmica) forman un grupo de punk sin nombre en Belfast. Poco tardan en encontrar una solución al tema. Cuando su presencia es prohibida en cinco clubes de la ciudad en una semana, lo tienen claro: The Outcasts (los marginados). Empiezan como grupo de versiones de Sex Pistols, The Clash o los

Ramones, intentando colar entre los temas ajenos alguna canción propia, que no suele ser muy bien recibida por el público. Por sorpresa, un sello local, It, apuesta por ellos y les publica un single, «Frustration», a mediados de 1978. Tras eso son contratados por el sello Good Vibrations que en 1979 publica su primer LP, *Self Conscious over You*. Diversos motivos, como un accidente de Greg Cowan, llevan al grupo a cambiar notoriamente, pero eso no impide que John Peel se fije en ellos y los invite a una de sus prestigiosas sesiones. Más difícil de superar que los cambios de formación será el fallecimiento de Colin Cowan en un accidente de coche. Sus propios compañeros lo consideran el eje alrededor del que gira el grupo y la idea de dejarlo planea durante semanas sobre sus cabezas. No lo hacen, y tras grabar una segunda sesión con John Peel, publican *Blood and Thunder* (1983) al que seguirá su último trabajo, *Seven Deadly Sins* (1984). Greg retorna puntualmente en 2003 aunque con miembros diferentes, e hizo lo propio en 2011 para tocar en el Rebellion Festival de Blackpool, aunque la historia de The Outcasts estaba finiquitada hacía tiempo. «Creo en los ideales originales del punk», aseguraba Martin Cowan. «Antes de que se convirtiera en un uniforme, una camisa de fuerza, donde cada canción tiene que ser rápida, se canta mal y tiene poca o ninguna melodía. Para mí, se trataba de poder hacer lo que querías, poner tus propios registros, mirar cómo querías crear tu propia identidad y en Belfast servía para luchar contra los paramilitares, que querían mantener las dos partes divididas. El punk ayudó a juntar a los jóvenes y estoy orgulloso de nuestra pequeña aportación a eso».

P

THE PARASITES

Los capos del punk-pop

1985

Livingston, Nueva Jersey

Aunque The Parasites se forman originalmente en Nueva Jersey, Dave Parasite cambia de ciudad para marcharse a Berkeley, California, donde además aprovechará para cambiar de formación. Esto se convertirá en una de las marcas de fábrica de la banda, donde Dave será el único que estará presente a lo largo de toda su historia. Debutan discográficamente en 1990 con *Pair of Sides*, publicado por Shredder Records, que será la discográfica de sus tres primeros trabajos. Rápidamente se ganan un buen número de seguidores gracias a su personalísima mezcla de punk y pop. En la actualidad cuentan con once discos, y quizá el mejor de todos ellos sea *Punch Lines*, publicado en 1993 por la citada Scredder y reeditado en España en 1994 por Munster Records. Aunque sin duda The Parasites son un grupo de singles, hasta veintiuno han publicado, y apariciones en recopilatorios, nada menos que sesenta y dos han contado con alguna canción suya. Por algo estamos hablando de una banda que ha hecho giras con Green Day, Bad Religion, Rancid o Buzzcocks, entre muchísimos otros.

PENNYWISE

Otra gran banda de Hermosa Beach

1988
Hermosa Beach, California

A lo largo de estas páginas es fácil darse cuenta de la importancia de Hermosa Beach como cuna para un montón de grupos relacionados con el punk rock y el hardcore punk. Y allí es donde se forma precisamente Pennywise, en 1988, cuando los amigos Fletcher Dragge y Jason Thirsk deciden unir sus fuerzas a Jim Lindberg y Byron McMackin. Pronto empiezan a tocar en garitos de mala reputación con un sonido basado principalmente en Bad Religion y su manera de entender las melodías. Precisamente Brett Gurewitz, guitarrista de estos, los fichará nada más ver como se desenvuelven en directo para su discográfica, Epitaph, donde en poco tiempo se convertirán en uno de los grupos esenciales de su catálogo.

En 1993, y tras publicar dos años antes su homónimo disco inicial, el vocalista Jim Lindberg decide abandonar, en un movimiento que amenaza con desestabilizar un proyecto que va viento en popa. Afortunadamente se lo piensa y está disponible para la grabación de su segundo disco, *Unknown Road*. A estas alturas, el grupo ya puede mirar cara a cara a cualquier banda de hardcore melódico, no sólo a su capo y sus Bad Religion, sino también a The Offspring, Green Day o NOFX. De hecho, unos se beneficiarán de otros y, sobre todo con el éxito de los dos primeros, bandas como Pennywise se convertirán en grupos de masas. Aunque el pensamiento –muy punk por otra parte– de que cuando las cosas van bien sólo pueden torcerse se va a cebar con ellos. En 1996 Jason Thirsk se suicida sumido en una profunda depresión y con graves problemas con el alcohol, y el grupo se plantea seriamente abandonar. La propuesta de Pennywise necesita energía a raudales, una implicación total y mucha fuerza, y ellos no están precisamente para eso. Aunque tampoco quieren abandonar sin más, por muy duro que sea el golpe. Así que prueban a sustituir a su compañero por Randy Bradbury que acabará haciéndose con el puesto de manera definitiva.

Como es normal, la muerte de Jason se refleja claramente en su siguiente trabajo, *Full Circle* (1997), con letras más oscuras y el grupo tocando con más rabia que nunca, una respuesta lógica ante una situación inesperada que no acababan de entender. Tras él llegan *Straight Ahead* (1999), *Land of The Free* (2001), *From The Ashes* (2003) y *The Fuse* (2005), todos trabajos más agrestes, pero que siguen gustando mucho tanto a público como a crítica. Son capaces incluso de adaptarse a los nuevos tiempos, y en 2008 regalan un disco a través de las redes sociales, *Reason to Believe*, que alcanza el medio millón de descargas en dos semanas. Otro golpe está a punto de darles de pleno. Jim Lindberg, su cantante, abandona ese mismo año. Acostumbrados a superar las adversidades, fichan a Zoltán Téglás, líder de Ignite, para ocupar su puesto. Con él grabarán *All or Nothin'*, en 2012. Poco después el cantante tiene un accidente que le lesiona gravemente la espalda y para sustituirlo ¡regresa Jim Lindberg! *Yesterdays* (2014) y *Never Gonna Die* (2018) han sido sus últimos pasos juntos.

PETER AND THE TEST TUBE BABIES
El punk es algo muy serio (pero sólo a veces)
1978
Peacehaven, Inglaterra

Diecisiete añitos tenían Peter Bywaters y Derek *Del Strangefish* Greening cuando formaron Peter and the Test Tube Babies en 1978; imberbes pero con energía de sobras, no pasaron muchos ensayos hasta que consiguieron colar su primera grabación en un recopilatorio de bandas del área de Brighton titulado *Vaultage 78*. John Peel se fija en ellos, les produce unas sesiones

y la repercusión es casi inmediata. Todo el mundo habla de ellos,
y más a raíz del lanzamiento del
single «Banned from the Pubs»,
al que seguirá *Pissed and Proud*,
1982, un primer elepé con canciones en directo. Cuelgan el
«no hay entradas» en docenas
de *shows* en el Reino Unido y en
el continente, ven llegar a *Pissed
and Proud* al número uno en las
listas independientes y lanzan
un segundo disco, el excelente
*Mating Sounds of South American
Frogs*, 1983, que vende de maravilla y los lleva a tocar por medio
mundo.

Con una sección rítmica cam-
biante pero con Peter y Derek
siempre al timón, la banda publicará álbumes a un ritmo constante durante
los ochenta y los noventa, con puntos álgidos como *Soberphobia* (1986) o
Supermodels (1995), pero a inicios del nuevo milenio se tomarían un respiro
en estudio, roto cuando Campino de Die Toten Hosen se encontró con Del
en el bar de un hotel de Stuttgart y le dijo que necesitaba «literalmente» un
nuevo disco de los Test Tube Babies. No hizo falta que insistiera mucho y así
la banda editaría en 2005 el DVD *Paralítico* y el disco *A Foot Full of Bullets*,
2005 con la colaboración de Campino y Olga de los Toy Dolls.

Recién cumplido su cuarenta aniversario en 2018, la banda sigue en activo
y actuando de forma constante, en uno de los *shows* más profesionales y a la
vez divertidos de toda la cultura punk desde sus inicios, en clara consonancia
con el sentido del humor y la ironía (cuando no sarcasmo) de los que siempre han hecho gala en sus letras. Unas ganas de cachondeo que mantienen
absolutamente vigentes como cuando en 2017, a raíz del lanzamiento de su
último disco hasta la fecha, el más que notable *That Shallot*, Peter declaraba
que «al disco le falta un tema; grabamos una versión de «Je t'aime» ya sabes,
la vieja canción de Serge Gainsbourg, pero nosotros la titulamos "Shittem".
Por desgracia los herederos de Gainsbourg no nos iban a dejar usarla […].
Podríamos intentar colgarla en YouTube, pero no creemos que pueda estar
ahí mucho tiempo».

PLASMATICS
El arte ha de ser radical, o no es arte
1977-1983, 1987-1988
Nueva York, Estados Unidos

Corría el año 1977 cuando Rod Swenson, graduado en Arte por Yale e impulsor de diversos proyectos contraculturales a lo largo de los setenta, conoció a Wendy O. Williams, la cual contestó un anuncio del primero en la revista *Show Business* buscando «anti-artistas radicales» para su compañía de teatro Captain Kink's Theatre. Juntos empezaron a seleccionar diversos músicos para lo que, en poco tiempo, serían los Plasmatics. En formación de trío provisional, con Swenson ejerciendo de mánager e ideólogo, pronto ficharían a un segundo guitarrista –Wes Beech–, que se convertiría junto a Wendy en el otro miembro fijo de la banda a lo largo de toda su trayectoria.

Fijos en el CBGB, su nombre no tarda en ser habitual en los cenáculos punk de la Gran Manzana, impactados por la provocativa puesta en escena del grupo, con una Wendy en top less y los pezones cubiertos con cinta americana –la que sería su imagen icónica– y *gimmicks* escénicos chocantes, como el partir guitarras con una sierra mecánica. De ahí pasarían al Irving Plaza, un antiguo salón de baile que llenan a reventar en cada *show* hasta acabar con otro *sold out* en el Palladium a finales de 1979. Todo esto, además, todavía sin un contrato con una *major*. Su fama crece pero su radicalidad asusta a las compañías yanquis, así que fue la británica Stiff Records quien se hizo con sus servicios en 1980. Para ellos grabarían su debut *New Hope for the Wretched* (1980), pero la asignación de Jimmy Miller, productor habitual de los Stones, para comandar los controles, dejó a la banda insatisfecha y de uñas con el sello.

Tras el disco harían su primera gira por la Costa Oeste, añadiendo nuevos números a sus conciertos, que incluían destrozar televisores y hasta estrellar un automóvil sobre las tablas. En el Whisky a Go Go tienen que añadir dos noches más a las dos primeras programadas a causa de la demanda, y a final de año aparecen en la TV nacional en el programa *Fridays* de la ABC. Están en lo alto, y más después de que en enero del 81 Wendy fuera arrestada en Milwaukee por indecencia, tras simular masturbarse con un martillo en escena. Se resistió a la detención y todo acabó en una potente trifulca. No sería la última vez que la poli se la llevaría a comisaría tras un bolo.

Volverán al estudio –esta vez con el propio Rod como productor– para grabar el magnífico *Beyond the Valley of 1984* (1981). Una gira mundial seguiría al disco, en la última parte de la cual la oficina del compositor y productor Dan Hartman los busca para grabar un nuevo trabajo. El resultado, un mini LP titulado *Metal Priestess* (1981) los vería moviendo su punk hacia terrenos más metálicos. Una mezcla pionera que sublimarían en el imprescindible *Coup d'Etat* (1982), lanzado por Capitol.

Poco después y tras una colaboración entre Wendy y Lemmy de Motörhead, de la que saldría el siete pulgadas «Stand By Your Man», la banda entraría en un hiato durante el cual Wendy iniciaría una carrera en solitario.

Una fugaz reunión de la banda cinco años después daría como resultado su cuarto disco en estudio. *Maggots: The Record* (1987) incidía –desde un enfoque distópico– en la temática político social ya tratada en sus dos anteriores álbumes. Los Plasmatics terminarían ahí, no obstante. Tras un tercer disco en solitario en 1988, Wendy y Rod, pareja desde ya hacía mucho, se retirarían de la vida pública, mudándose a Connecticut. Allí, dedicada al cuidado de animales salvajes y como activista vegetariana, se quitaría la vida –tras algunos intentos frustrados– en abril de 1998.

THE POGUES
¡Fiesta!
1982-1996, 2001-2014
Londres, Inglaterra

Lo que habría de ser The Pogues se gestó en 1977 cuando Shane MacGowan (por entonces en una banda llamada The Nips) y Spider Stacy (al frente de The Millwall Chainsaws) se conocieron en un concierto de los Ramones en la Roundhouse. Jóvenes y habituales del circuito punk de la capital, tanto encima como enfrente de los escenarios, fue en 1980 cuando MacGowan disolvió a los Nips y se fue junto a Stacy y Jem Finer (banjo), cambiándole de paso el nombre a la banda por The New Republicans.

En 1982 se les une James Fearnley como acordeonista. Había nacido Pogue Mahone (del gaélico *póg mo thóin*, literalmente «bésame el culo»), que completaría su primera formación con Cait O'Riordan al bajo y Andrew Ranken como batería. Con MacGowan al frente, se empezaron a patear clubs y pubs londinenses donde su directo, aunando la energía y anarquía del punk con el componente borrachuzo y emocional de la música tradicional irlandesa, les granjea un nutrido grupo de seguidores.

Tras un primer single autoeditado –«Dark Streets of London»– en 1984, su teloneo a The Clash ese mismo año llama la atención de Stiff Records, que los ficha y les produce su puesta de largo con *Red Roses for Me* en octubre. Con el nombre acortado a The Pogues, su primer disco es un esbozo interesante, una declaración de intenciones que se vería corregida y (muy) aumentada con el siguiente *Rum Sodomy & The Lash* (1985). Producido por Elvis Costello, el álbum veía la incorporación de Philip Chevron como guitarra y el asentamiento de MacGowan como un cantautor excepcional.

El gran momento artístico y el éxito comercial del elepé no fue aprovechado por la banda, que rehusó grabar otro disco de forma casi inmediata, ofreciendo a Stiff apenas cuatro temas en el EP *Poguetry in Motion* (1986). Por otra parte O'Riordan se casó con Costello y abandonó el grupo, remplazada por Darryl Hunt, al tiempo que se fichaba al multi intrumentista Terry Woods, proveniente de Steeleye Span. Todo ello, sumado a la afición al bebercio casi mítica de la banda en general y de MacGowan en particular, y a la bancarrota de Stiff Records en 1987, supuso un periodo extraño del que emergieron, no obstante, con una obra maestra absoluta como *If I Should Fall from Grace with*

God (1988). Con el álbum en lo alto de las listas –y otro tanto con el single «Fairytale of New York»–, la banda conoce su mejor momento, va de gira por medio mundo e influye en toda una generación que, años después, recogerá sus enseñanzas para crear todo un subgénero, el celtic punk.

Con su cuarto álbum –*Peace and Love* (1989)– vino un primer bajón, al tiempo que se alejaban cada vez más de la tradición irlandesa; por otro lado, la conducta errática y la dipsomanía de MacGowan empezaban a ser un lastre demasiado serio, y tras *Hell's Ditch* (1990), el resto de la banda le da pasaporte. El mismísimo Joe Strummer le sustituyó por un tiempo, hasta que Spider tomó definitivamente las riendas como frontman. Con la nueva formación editarían *Waiting for Herb* (1993), tras el cual se suceden las deserciones hasta que tras el fracaso comercial de *Pogue Mahone* (1996), la banda decide dejarlo.

Se reunirían oficialmente –con MacGowan– al frente en 2001, en principio para una gira navideña, pero la cosa se mantuvo estable y desde entonces, aún sin grabar material nuevo, The Pogues siguen siendo una realidad. La edición en 2008 de *Just Look Them Straight in The Eye and Say... Poguemahone!!*, una *box set* con cinco CD repleta de *outtakes*, inéditos y directos recordó a todos sus seguidores lo grandes, enormes que fueron en su momento. Como dijo Tom Waits en cierta ocasión: «Shane tiene el don. Yo le creo. Sabe cómo contar una historia. Son una banda que ruge y se tambalea, los verdaderos huérfanos del callejón. La voz de Shane transmite tanto (…). Las canciones son épicas, es algo caprichoso y blasfemo, mareante y sacrílego».

THE PROFESSIONALS
Sobreviviendo a los Pistols
1979-1982, 2015-presente
Londres, Inglaterra

Cuando en 1978 Johnny Rotten se largó de los Sex Pistols, Steve Jones y Paul Cook se repartieron tareas vocales para «Lonely Boy» y «Silly Thing», los últimos temas grabados por la banda. Una asociación de circunstancias que se tornaría proyecto serio al año siguiente, cuando los Pistols lo dejaron ya definitivamente. Junto a Andy Allan, bajista de los Lightning Raiders, Jones y Cook formaron The Professionals y ficharon para Virgin. Un par de singles —«Just Another Dream» y «1-2-3»— en julio y octubre de 1980 respectivamente debían ser el preludio a un primer disco que se encontró con trabas legales, al no tener Allan contrato con Virgin; denunció a la compañía y el disco quedó archivado. Reemplazado por Paul Myers de los Subway Sect, y con Ray McVeigh sumándose como segundo guitarra junto a Jones, la nueva formación regrabaría gran parte del material en cartera, pero aun así ese primer disco homónimo dormiría el sueño de los justos hasta 1997, cuando fue finalmente editado.

A finales de ese año grabarían unas sesiones para John Peel para promocionar «Join The Professionals», single que iba a ser lanzado en breve, pero la falta de un productor adecuado retrasó el lanzamiento hasta mediados del año siguiente. Por aquel entonces ya habían conseguido un productor en la figura de Nigel Gray y en noviembre de 1981 vería por fin la luz *I Didn't See It Coming*, el álbum debut de la banda. Lo presentarían en sendas giras por Inglaterra y Estados Unidos, pero esta última quedaría abortada al sufrir Cook, McVeigh y Myers un aparatoso accidente de automóvil. Volverían a Estados Unidos en la primavera de 1982 pero los problemas con las drogas de Jones y Myers precipitarían el final y así, tras rechazar una oferta para telonear una gira de The Clash, The Professionals cerraban el chiringuito.

Un recopilatorio en 2005 –*The Best of*– tuvo una continuación revisada y ampliada en 2015 cuando Universal sacó al mercado *The Complete Professionals*, un set de tres discos que abarcaba prácticamente toda su producción y que, de rebote, propició que Cook y Myers reformaran el grupo. Con Tom Spencer (cuyo currículum incluye entre otros a The Lurkers y The Yo-Yo's) como nuevo guitarrista y cantante, Cook sacó del cajón su vieja agenda de contactos y empezaron a trabajar en un nuevo disco. Bendecidos por Jones, que sin formar parte del grupo participó en varios de los temas, en 2017 se editaba *What in the World*, un nuevo álbum con invitados como Billy Duffy, Phil Collen, Duff McKagan, Marco Pirroni o Mick Jones.

Treinta y cinco años más tarde, The Professionals vuelven pues a la carga sin pretender, en palabras de Cook «romper ningún esquema musical, sólo hacer lo que mejor sabemos hacer. Desde el corazón, con energía e integridad».

THE QUEERS
Una broma muy seria
1982
Portsmouth, Nuevo Hampshire

Empezaron como una broma, y acabaron como una banda admirada por los seguidores del punk ramoniano. La historia se remonta a un Joe King metido de lleno en la música de Ramones y Black Flag. Sólo tiene que asistir a un concierto de The Meatmen para pensar que él mismo lo haría mejor, así que decide montar un grupo. Tiene claro el nombre. Harto de ver comentarios homófobos y en contra de la comunidad gay opta por The Queers (Los Maricas), en una clara provocación pero ¿acaso no es eso el

punk? Se pasan sus primeros años de existencia grabando singles y partici-
pando en recopilatorios hasta que en 1990 publican su primer disco, *Grow
Up*, con una formación estable formada por el propio King, B-Face al bajo
y Hugh O'Neill a la batería. El trabajo se editó de manera totalmente independiente y apenas se prensaron 1.000 copias, pero Ben Weasel, líder de
Screeching Weasel, consiguió que los capos de Lookout Records escucha-
ran una de ellas para acabar firmando a la banda y, por supuesto, reeditar
su debut. En 1993 publican *Love Songs For The Retarded* y en 1994 *Beat Off*,
pero su gran álbum llega en 1996 con el espléndido *Don't Back Down*, definido en prensa como «el mejor disco de los Ramones en los noventa que
nunca grabaron los Ramones».

   La desgracia se ceba con la banda cuando O'Neill fallece en 1999 a
causa de un cáncer cerebral. Poco después, B-Face abandona y deja a King
como único miembro original. En 2000 llega *Beyond the Valley*, el primer
disco del grupo tras la muerte de su batería y. sin duda, su trabajo más
oscuro. El trío sigue sacando discos con diferentes formaciones, como el
directo *Weekend at Bernie's*, con quizá la mejor de la nueva era con King,
Phillip Hill de Teen Idols y David Treviño a la batería. En la actualidad a
Joe King lo acompañan Dangerous Dave y Lurch Nobody. En 2018 re-
graban las canciones de uno de sus discos míticos para publicar *Punk Rock
Confidential Revisited*.

R

RAMONES

Gabba Gabba Hey

1974-1996

Forest Hills, Queens, Nueva York

«Con los Ramones te lo pasabas de miedo, y cuanto más intenso, mejor. En nuestras actuaciones había violencia: había peleas, había sangre. Yo me habría aburrido salvajemente si no hubiese habido salvajadas», asegura Johnny Ramone en su autobiografía *Commando*. Los Ramones fueron probablemente el grupo más importante e influyente de la historia del punk rock norteamericano, y esto hay pocas personas que estén dispuestas a discutirlo. Aquellos cuatro cafres de Queens cambiaron para siempre no sólo el punk, sino la manera de entender la música de generaciones venideras y es justo reconocérselo.

El grupo nace en 1974 de la unión del vocalista –primero batería– Joey Ramone (Jeffrey Hyman), el bajista Dee Dee Ramone (Douglas Colvin), el guitarrista Johnny Ramone (John Cummings) y el batería húngaro Tommy Ramone (Tom Erdelyi). Optan por llamarse Ramones en homenaje al nombre que Paul McCartney utiliza en los hoteles para registrarse y no ser reconocido: Paul Ramone. Cuando inician sus andaduras son unos auténticos lerdos musicales. Apenas tienen idea de cómo coger un instrumento, pero llevan ese espíritu punk del «poco importa» a su máxima expresión. Inician los ensayos intentando, a su manera, versionar los clásicos del rock and roll de los años cincuenta y con un repertorio propio más bien escaso debutan en el Performance Studio de la calle 23 Este de Nueva York. Son tan desastrosos que no encuentran lugares en los que tocar y además sus pintas hacían el resto. Vestidos de cuero negro, y con el pelo largo no eran el mejor ejemplo para los adolescentes y eso era un problema para los padres que veían a sus hijos acercarse a aquellos tipos.

En un primer momento la idea es que Dee Dee toque el bajo y cante, pero ante la imposibilidad de que esto suceda de manera exitosa pasan a Joey a la voz e incorporan a su mánager y amigo Tommy a la batería. Con esa formación debutan en el CBGB, que se convertirá en su casa y símbolo de su música, el 16 de agosto de 1974. Sólo dos personas se acercan a verlos, aunque logran

conseguir que el local los considere una de sus bandas semi fijas y repetir junto a grupos como Blondie, Talking Heads, Patti Smith o Television, formando de esta manera la escena del punk neoyorquino. Ya que Tommy se ha dedicado a la batería fichan a Danny Fields como mánager y gracias a sus gestiones captan la atención de la prensa. En poco tiempo ya han firmado con Sire Records que publicará su primer disco en 1976. En *Ramones*, el disco, el grupo muestra la influencia de grupos de punk como The Stooges, pero también de bandas de la british invasión e incluso de las bandas vocales femeninas de los sesenta, en un cóctel absolutamente embriagador. «Blitzkrieg Bop», que incluye el que será su grito de guerra, «Hey Ho Let's Go», «I Wanna Be Your Boyfriend», «Judy Is a Punk» o la versión del «Let's Dance» de Jim Lee son pildorazos punk rock que marcarán el camino a seguir. *Leave Home* y *Rocket to Russia*, ambos de 1977 seguirán esa senda y, de paso, aportarán un buen número de imperecederos himnos como «Pinhead», «Oh Oh I Love Her So», «Rockaway Beach», «Sheena Is a Punk Rocker» o «Do You Wanna Dance?». Además, *Rocket to Russia* confirmará la tendencia ascendente de los neoyorquinos al convertirse en su disco mejor vendido hasta la fecha y colocándose en el puesto 49 de las listas de los álbumes de pop en Estados Unidos.

Road to Ruin (1978) supone el primer álbum que grabarán con su nuevo batería, Marky Ramone (Marc Bell) cuando Tommy se aparta considerando que ya ha cumplido con su trabajo. Marky es un experimentado baterista que había trabajado con Richard Hell y no le costará hacerse con el puesto de manera inmediata. Siguen sumando *hits* como «I Wanna Be Sedated» y, sobre todo, admiradores. Eso los lleva a que les propongan participar en una infantiloide película titulada como una de sus canciones, «Rock and Roll High School», al mismo tiempo que publican su primer trabajo en directo, *It's Alive* (1979). Les faltaban pocos sueños y uno de ellos, aunque finalmente convertido en pesadilla, estaba a punto de cumplirse. En 1980 graban junto al prestigioso productor Phil Spector su nuevo disco, *End of the Century*, en unas sesiones que acaban convirtiéndose en un auténtico drama. A pesar de eso, el resultado es satisfactorio y el disco, con otro buen puñado de temas eternos, es bien recibido.

La experiencia no había sido la mejor gracias al carácter inestable de Spector y, además, en el seno del grupo empezaba a haber graves problemas internos. Joey era un tipo con un grave trastorno obsesivo compulsivo que sacaba de quicio a Johnny. Además, si el primero era un progre convencido, Johnny era un conservador cercano a ideas fascistas. Sólo faltó que tuvieran problemas de faldas. A principios de los ochenta, Johnny empieza a salir con Linda, la novia de Joey, con la que más tarde se casaría, y eso hace que ambos dejen de dirigirse la palabra, hecho que mantendrán hasta prácticamente el fin de sus días. En 1982, y tras el fiasco en el estudio con Spector, y haber publicado *Pleasant Dreams* (1981) con una producción que no los convence, graban un disco con el que pretenden volver a sus orígenes más punks, *Subterranean Jungle* y en 1984 siguen en la misma línea con *Too Tough Too Die*, donde la batería corre a cargo de un nuevo miembro, Richie Ramone (Richard Reinhardt). En 1986 sacan *Animal Boy*, en 1987 *Halfway To Sanity* y después de contar ese mismo año con Elvis Ramone (Clement Bozewski) para un par de conciertos, en 1987 Marky vuelve a su puesto. *Brain Drain* (1989) será el último trabajo de Dee Dee al bajo, que decidirá abandonar para dedicarse a una errática carrera en solitario, y su lugar lo ocupará C. J. Ramone (Christopher Joseph Ward). Aunque sus discos ya no aportan nada, el grupo sigue mostrándose en un excelente estado de forma en directo y sus fans parecen dispuestos a perdonárselo todo, si es que hay algo que perdonar. Su reconocible logo redondo es todo un símbolo de que en la simplicidad está la grandeza de la música y sus gritos de guerra, «hey ho let's go» y «Gabba Gabba Hey» son auténticas declaraciones de principios.

En 1992 publicarán dos discos, *Mondo Bizarro*, en estudio, y el imprescindible *Loco Live*, un trabajo en directo que recoge dos noches grabadas en la ciudad de Barcelona. Con *Acid Eaters* (1994) pretenden hacer un homenaje a sus bandas favoritas en forma de versiones y con *¡Adiós Amigos!* (1995) despedirse de manera adecuada de la gente. En 2001 fallece Joey Ramone, en 2002 Dee Dee, y en 2004 Johnny, probablemente conscientes de que el legado que dejaban iba a ser tan eterno como difícil de superar por cualquiera.

RANCID
Si The Clash hubieran sido yanquis…
1991
Berkeley, California

Unos de los culpables del resurgimiento del punk en la década de los noventa fueron, sin duda, Rancid. Es cierto que nunca alcanzaron el reconocimiento mediático de grupos como Green Day o The Offspring pero su nombre siempre está ahí cuando se habla del renacimiento del género.

El cuarteto formado por Tim Armstrong, Lars Frederiksen, Matt Freman y Brett Reed nace en Berkeley, California, con la intención de ser la versión noventera y norteamericana de The Clash. Por ello, desde el principio, no tienen pudor en mezclar el ska con el punk rock que es la base de su sonido. No será la única influencia vital en su música porque su cantante Tim Armstrong es además un apasionado del hardcore. El tipo andaba a principios de los noventa metido en graves problemas de alcohol y como parte de su rehabilitación, su colega Matt Freeman, miembro de MDC, le propone crear Rancid. Muy pronto graban un mini LP para Lookout Records y fichan por la prestigiosa Epitaph, donde aparece *Rancid* (1993). A este le seguirá en 1994 *Let's Go*, con el que ya venden un millón de discos y, sobre todo, el imprescindible *… And Out Come the Wolves* (1995). Y es que no sólo hay unanimidad en la prensa al considerarlo el mejor álbum del grupo, sino también una de las obras cumbres de la historia del punk rock.

Canciones como «Time Bomb» o «Ruby Soho» son un puñetazo encima de la mesa como se ha visto en pocas ocasiones, y el grupo se hincha a vender discos. Quizá en ese momento sabían que no volverían a pasar por una situación similar y exprimen al máximo un trabajo que ciertamente lo merece, realizando cientos de conciertos.

Sin ánimo de superar su predecesor, pero sí de seguir siendo fieles a sí mismos, en 1998 publican *Life Won't Wait* donde las influencias del ska y el hardcore son más evidentes, y en 2000 lanzan su disco más melódico, probablemente, al que bautizan con su nombre (segunda vez en su carrera). Tras publicar *Indestructible* (2003), el mazazo llega cuando en 2006, Brett Reed abandona el grupo y es sustituido por Branden Steineckert ex miembro de la banda The Used. Tardarán todavía un tiempo en debutar discográficamente con su nuevo batería, al que aprovechan para rodar en directo. Su debut en el estudio se producirá con *Let the Dominoes Fall* (2009). Tras este se toman un tiempo y en 2014 aparece *Honor Is All We Know*. Lo que prácticamente nadie esperaba es que en 2017 publicaran un disco tan bueno como *Trouble Maker*, presente en muchas de las listas de lo mejor del año.

REFUSED

Un nuevo ruido

1991-1998, 2014-presente
Umeå, Suecia

Refused nacieron en la pequeña localidad de Umeå, al norte de Suecia, alrededor del cantante Dennis Lyxzén, quien venía de otra banda local llamada Step Forward. A él se unieron Pär Hansson como guitarra, Jonas Lindgren al bajo y David Sandström a la batería. Con la vista puesta en salir del circuito estrictamente local, editaron un par de maquetas en casete en 1992 y reclutaron a Kristofer Steen como reemplazo de Hansson antes de debutar con *This Just Might Be the Truth* en 1994.

A partir de ese momento la formación quedaría instalada en el trío formado por Lyxzén, Steen y Sandström, sin encontrar nunca, en toda su trayectoria, un candidato al bajo que les durara lo suficiente (más de una docena han pasado por la banda). En el verano de 1996 saldría a la venta la continuación a su debut, *Songs to Fan the Flames of Discontent* en el sello Victory. Un disco que avanzaba –respecto al primero– en su concepto metálico del

hardcore y con el cual regalaban un fanzine en el que desplegaban su ideario
político, cercano a la extrema izquierda; las giras de presentación los llevan
a compartir cartel con bandas como Snapcase, Millencolin o Mindjive antes
de volver al estudio para dar forma a su tercer trabajo. *The Shape of Punk to
Come* (1998), subtitulado *A Chimerical Bombination in 12 Bursts*, pese a ser
una auténtica obra maestra descolocó a casi todo el mundo con sus abstractas
improvisaciones, sus insólitas combinaciones de acordes y sus fragmentos
hablados. Todo ello sumado a la adición de sonidos no habituales en el género como el post punk, el jazz, el ambient y la electrónica en general no les
cosechó ni buenas críticas ni buenas ventas. Para acabar de arreglarlo, la gira
estadounidense para promocionarlo fue un desastre, cancelándose tras sólo
ocho conciertos en locales semivacíos y una bronca monumental entre los
miembros del grupo, frustrados y secos creativamente hablando. La disolución no tardó en llegar.

Durante más de diez años la banda dejó de existir, con sus miembros
embarcados en distintos proyectos, siendo el más conocido el de Lyxzén
al frente de The (International) Noise Conspiracy. Un tiempo en el que
el culto a la banda y muy especialmente la reivindicación progresiva de su
infravalorado tercer disco fueron creciendo hasta que en 2010 se empezó
a rumorear un eventual retorno que se haría realidad en 2012, un regreso
en principio puntual para algunos festivales pero que un par de años más
tarde acabaría por ser definitivo, llevando a los suecos de nuevo de gira
por Europa y lanzando un cuarto álbum, *Freedom* (2015) a través de Epitaph para el que, según varios comunicados, ya se encuentran grabando
una continuación.

THE REZILLOS

Platillos volantes sobre Edimburgo

1976-1978, 2001-presente
Edimburgo, Escocia

A pesar de surgir en pleno 1976, el punk de los escoceses The Rezillos poco
o nada tenía que ver con el nihilismo y el cabreo existencial de buena parte
de sus coetáneos. Estudiantes de Arte influenciados tanto por el rock de los
cincuenta como por el beat y el garage sesentero y el glam de los primeros
setenta, los de Edimburgo se convirtieron en la versión británica de bandas
yanquis como B-52's o The Cramps, compartiendo con ellos el gusto por la
ciencia ficción de baratillo y la serie B en general.

Tras un primer single –«I Can't Stand My Baby»– en verano de 1977, ficharon por Sire y en julio de 1978 el quinteto formado por Eugene Reynolds
y Fay Fife a las voces, Jo Callis a la guitarra y William Mysterious y Angel
Paterson al bajo y batería respectivamente lanzaría *Can't Stand The Rezillos*,
un debut repleto de magníficas canciones propias y sorprendentes versiones
de artistas poco o nada observados por la generación del 77 como Gerry &
the Pacemakers, Dave Clark Five o Fleetwood Mac. Considerado un disco

clásico de aquella época, de sus surcos se extrajo además «Top of the Pops», un single que llegó al Top 20 en las Islas.

Pero tras un nuevo sencillo —«Destination Venus»— en octubre, arrecian los conflictos, entre los miembros de la banda y de ellos hacia la discográfica, y a finales de año se separan, no sin antes grabar un *show* en el Glasgow Apollo que sería editado al año siguiente con el título *Mission Accomplished... But the Beat Goes on.*

Reynolds y Fife seguirían haciendo giras y grabando —por temas contractuales— bajo el nombre ligeramente modificado de The Revillos hasta bien entrados los ochenta, con puntuales apariciones en la década siguiente. Pero la formación original de la banda, con la única excepción de Johnny Terminator reemplazando a Mysterious, volvería en 2001 para emprender una segunda etapa con *shows* en todo el mundo y una audiencia renovada, muchos de los cuales supieron de ellos gracias a la inclusión de su versión de «Somebody's Gonna Get their Head Kicked in Tonight» en la película *Jackass* (2002). Una nueva vida, mucho más extensa que la primera, de la que salió en 2015 un nuevo retoño en la forma de *Zero*, su primer elepé en más de treinta años.

RISE AGAINST
Luchando contra la divergencia de opiniones
1999
Chicago, Illinois

Es difícil establecer las barreras estilísticas entre el hardcore punk, el hardcore melódico y el punk rock, y más difícil aún si hablamos de bandas como Rise Against que beben por igual de los discos de Screeching Weasel que de los Descendents, Down By Law, Dead Kennedys o Bad Religion.

Transistor Revolt, primer nombre que tendría el grupo, se forma en 1999 con Tim McIlrath a la voz, Joe Principe al bajo, Mr. Precision a la guitarra y Tony Tintari a la batería. Curiosamente nunca llegan a actuar en directo pero sí que graban un EP que les servirá para plantarse en las oficinas de Fat Wreck Chords y conseguir un contrato discográfico. Cuando Tintari abandona la banda y es sustituido por Brandon Barmes, aprovechan y cambian su nombre por el de Rise Against. *The Unraveling* (2001) es su primer LP, en el que el periodista Davey Boy ve «rasgos de punk básico, pero también un sonido de rock más dominante, uniendo lo mejor de ambos mundos». Prác-

ticamente sin tiempo para asimilarlo, publican su segundo LP, *Revolutions Per Minute* (2003) que los lleva a participar en el prestigioso Warped Tour 2003 y a ir de gira con bandas como NOFX, No Use for a Name o Sick of It All. Cambian de discográfica y fichan por Dreamworks, que acaba siendo absorbida por Geffen, encargada de editar *Siren Song of the Counter Culture*. Su sonido se ha ablandado y probablemente eso los lleva a entrar en las listas de éxitos por primera vez, pero también a que su propuesta sea criticada por la prensa que los acusa de ser demasiado melódicos y perder garra.

Su cuarto disco, *The Sufferer & The Witness* (2006) les permite colocarse por primera vez en los diez primeros puestos de las listas del Billboard. Algo curioso, ya que en él mostraban una vuelta a sonidos más agrestes y más cercanos a sus inicios. Pero, por una vez, prensa y público se ponen de acuerdo. Los primeros celebran su vuelta al punk rock y los segundos responden con unas ventas más que considerables.

Appeal To Reason (2008) es su siguiente trabajo, y el primero con Zach Blair a la guitarra, figura esencial para entender la evolución de la banda. Expertos como Rob Hanson aseguran que se trata de un trabajo «atractivo para un público demasiado amplio como para que los viejos fans se sientan cómodos», mientras otros como Chris Fallon aseguraban que «está basado esencialmente en una cosa: inteligencia. Aquí no hay pelusilla; la banda ha hecho aquí un trabajo rápido, bueno y en general centrado». Opiniones para todos los gustos. Y es que Rise Against, si algo no han tenido nunca es la unanimidad de la crítica. Esa dualidad se repetirá en *Endgame* (2011) del que Rock Sound dirá que es «genuinamente impresionante» mientras otros insistirán en que han perdido su esencia punk. No estará exento de la misma opinión *Wolves*, publicado en 2017 por Virgin. «Que digan lo que quieran, pero nosotros sabemos dónde están nuestros orígenes. Y ésos están en Bad Brains o Circle Jerks» (Tim McIlrath).

ROCKET FROM THE CRYPT

Punk Brass Band

1989-2005, 2011-presente
San Diego, California, Estados Unidos

Tras la disolución de Pitchfork en 1990, el cantante y guitarrista John Reis (en adelante, Speedo) formó dos nuevos grupos: Drive Like Jehu, en una onda postharcore similar a Pitchfork, y Rocket from the Crypt, (en clara alusión a Rocket from the Tombs, banda proto punk setentera). Planteándose a los segundos como una banda de rock'n'roll clásico de espíritu punk, a Speedo se unieron en una primera formación el guitarrista Andy Stamets, el bajista Pete Reichert, el batería Sean y Elaina a los coros. Un primer *line up* que duraría apenas medio año, tiempo suficiente para grabar su debut, *Paint as a Fragrance* (1991), al tiempo que salía el primer disco de Drive Like Jehu.

Sean y Elaina abandonan San Diego, y entra en la banda Adam Willard como nuevo batería bajo el alias de Atom, una costumbre a la que se sumaría el resto de la banda, pasando Stamets a ser ND y Reichert Petey X. Por aquel entonces idearon un truco de *marketing* que consistía en que cualquiera que mostrara un tatuaje de la banda podía entrar gratis a sus *shows*, una costumbre que mantuvieron de ahí en adelante.

Su segundo trabajo, *Circa: Now!* (1992) les consigue un contrato con Interscope Records. Aquí ya, por primera vez, esbozan el estilo por el que serían conocidos, presentando un rock de reminiscencias 50's con sección de vientos (entra en escena Paul O'Beirne, Apollo 9 para los amigos, como saxofonista) y toda la energía del punk estadounidense clásico. Tras varias giras presentándolo y un parón de medio año para que Drive Like Jehu editara su segundo y último disco, la banda se reúne para el que sería su periodo más creativo. Así, en 1995 lanzarían varios singles y tres discos imperdibles: el EP *The State of Art is on Fire*, y los elepés *Hot Charity* y *Scream, Dracula, Scream!* Este último les llevó a un pico de popularidad inédito hasta el momento, con singles definitivos del calibre de «Young Livers», «On a Rope» o «Born in '69», tras el cual se embarcan en una gira que los trae también a Europa.

Pero tras la edición de *RFTC* (1998), a las buenas críticas no las acompañaron idénticos números, e Interscope empezó a dejarlos de lado hasta que parten peras. En 1999 la banda se toma un descanso, con Speedo (incansable el hombre) formando The Sultans y Hot Snakes y fundando su propio sello, Swami Records.

Dos buenos discos de estudio, *Group Sounds* (2001) y *Live from Camp X-Ray* (2003) no impiden que la banda se disuelva en 2005. Dos años más tarde Speedo montaría The Night Marchers, y en 2008 aparecería una grabación del *show* de despedida que ofrecieron la noche de Halloween de 2005 en San Diego, en una edición conjunta CD/DVD bajo el título *R.I.P.*, obligatoria para cualquier fan. Y finalmente en 2012 la banda anunció oficialmente su reunión, a la que seguirían conciertos tanto en Estados Unidos como en Europa y Australia, aunque por el momento, sin novedad discográfica alguna.

THE RUNAWAYS
Mucho más que la paranoia de Kim Fowley
1975-1979
Los Ángeles, California

Kim Vincent Fowley era un empresario y productor musical que a mediados de los setenta tuvo la visión de grandes cantidades de dinero llenando sus bolsillos si encontraba un grupo integrado sólo por mujeres que tocaban sonidos cercanos al punk rock. The Runaways hicieron realidad ese sueño. La historia, además, fue totalmente casual. Sandy West, batería y con ganas de montar un grupo, se acercó a Fowley para pedirle consejo sobre cómo hacerlo, algo que Joan Jett, cantante y guitarrista había hecho unas semanas antes. El productor sólo tuvo que rebuscar entre sus papeles para encontrar el teléfono de la segunda y así ponerlas en contacto. Rápidamente se les une Miki Steele, aunque abandonará pronto para largarse a The Bangles, y será

sustituida por Jackie Fox. La cuarta integrante del grupo será la gran Lita Ford y la quinta Cherie Currie, que se encargará de la voz. Empiezan a tocar en pequeños locales de Los Ángeles y rápidamente llamarán la atención en un mundo, y especialmente en un género, en los que la testosterona se contaba por toneladas. Sólo hacía falta que se corriera la voz de que las chicas aparecían a veces en lencería para que sus conciertos se llenaran. Aunque el que iba no se encontraba solo con un grupo de chicas monas, sino que aquello era una verdadera banda de punk rock y punk pop.

Tras diversas maniobras truculentas, Fowley firma en nombre de The Runaways un contrato con Mercury y muy pronto, en 1976, lanzan su homónimo debut. Un disco que no será bien recibido. Además, las maniobras de Fowley les hicieron más mal que bien. Convencido de su papel de eje central del grupo, los periodistas y los locutores de radio empezaron a ver a The Runaways como un proyecto artificial, cuyo único propósito era llenar las arcas de Kim y las rechazaron de plano, sin apenas oír su música. A pesar de eso, Mercury sigue confiando en ellas. Un grupo de chicas guapas tocando de manera agresiva y cantando sobre sexo y alcohol tenía que funcionar a la fuerza ante la sólo aparentemente puritana sociedad yanqui. Algo mejor les va con *Queens of Noise*, su segundo disco, aunque tendrán que irse hasta Japón para darse cuenta de que fuera de su país, especialmente en el país nipón, son auténticas estrellas. Incluso llegan a lanzar un directo grabado allí que nunca llegará a publicarse en Estados Unidos. Pero necesitaban algo más. No era normal que en Japón las recibieran como auténticas diosas y en Estados Unidos siguieran tocando en garitos para 300 personas, y eso, unido a los abusos con las drogas, hace mella en el grupo. Fox abandona la primera, entre rumores de intentos de suicidio, y Currie la seguirá, agobiada por sus constantes peleas con Fowley. Así que Joan Jett asume el papel de vocalista y fichan a Vicki Blue como bajista para grabar su tercer disco, *Waitin' for the Night* (1977) que no consigue entrar ni en el top 200 del Billboard.

El proyecto está herido de muerte. Kim Fowley ya no ve tan claro lo de hacerse rico y las deja en la estacada, siendo de nuevo Joan Jett la que toma las riendas de la banda. Será por poco tiempo. Porque entre ellas surgen graves desacuerdos. Jett insiste en que el grupo ha de inclinarse por sonidos cercanos al punk y al glam, mientras Lita Ford apuesta por el hard rock y el heavy metal. Esas dudas se reflejarán en su último disco, *And Now... The Runaways* (1978) que en un principio se edita sólo en Japón y Europa, prescindiendo de Estados Unidos. La herida sangra demasiado y Jett abandona en abril de 1979 para iniciar su carrera en solitario en lo que supone el fin de The Runaways. Un grupo que sólo años más tarde sería constantemente reivindicado como esencial para que las mujeres pudieran abrirse camino en el rock and roll, masculinizado hasta la saciedad. Como tantas otras, y para su desgracia, más reconocidas muertas que en vida.

S

THE SAINTS

Todavía por canonizar

1974

Brisbane, Australia

Antes de santificarse, Chris Bailey y Ed Kuepper (junto al batería Ivor Hay) funcionaban como Kid Galahad & The Eternals, allá por 1973, practicando un rock'n'roll de raíz 50's barnizado con varias capas del proto punk made in Detroit. En 1974 ya se habían cambiado el nombre, con Hay pasando al bajo tras la entrada de Jeffrey Wegener a los tambores, dedicándose a versionar de modo muy *sui generis* a Del Shannon y a Ike & Tina Turner. Hay volverá

a la batería tras la marcha de Wegener, entra Kym Bradshaw como bajista y queda establecida la formación clásica, la que en septiembre de 1976 y ante la falta de interés de cualquier sello fundó el suyo propio –Fatal Records– para editar un sencillo que a día de hoy es leyenda. «(I'm) Stranded», lanzado en septiembre de 1976, los convirtió en la primera banda punk en editar un disco (Estados Unidos aparte, claro), adelantándose varias semanas al lanzamiento del «New Rose» de The Damned y el «Anarchy in the UK» de los Sex Pistols.

El single no despertó mucho interés en las emisoras australianas, pero una de las copias enviadas al Reino Unido dio en el blanco. Power Exchange, un pequeño sello británico, publicó el disco, y el crítico Jonh Ingham (australiano para más señas) lo puso por las nubes en las páginas de la influyente revista *Sounds*. ¿Resultado? Contrato con EMI por tres discos, y el primero de ellos, titulado igualmente *(I'm) Stranded*, lanzado en febrero de 1977 junto a la reedición del single, que esta vez sí ya entró en *charts*.

Tras telonear a AC/DC lanzan un segundo single, «Erotic Neurotic» y viajan al Reino Unido. Allí, la estrategia promocional de EMI, que pretende reconvertir su *look* a la moda punk imperante, choca con la negativa del grupo a abandonar su discreta imagen.

Eternally Yours será el siguiente movimiento. Un elepé, publicado en mayo de 1978, que los apartaba un tanto del sonido de su debut, moviéndose hacia un rock imbuido de rhythm and blues que llegaba a incluir sección de viento en temas como el single «Know Your Product», y lanzando puyas a la comercialización del punk en otros como «Private Affair». Pese a todo el disco no vendió mal, cosa que sí sucedió con su tercer asalto, *Prehistoric Sounds*, editado en octubre. Con una inesperada orientación jazz-blues, en él poco o nada quedaba del punk de *(I'm) Stranded*; incomprendido en su momento, la falta de proyección comercial provoca su despido de EMI y el principio del fin de su primera etapa.

Con un sentido del pop y el rock, el de Bailey, que chocaba y no poco con el talante cada vez más arty y experimental de Kuepper, el segundo montó los Laughing Clowns y dejó a Bailey llevar, en adelante, el nombre de The Saints por bandera. Pero lo que haría Bailey en adelante tanto en solitario como con los «nuevos» The Saints, pese a su calidad, ya no tendría nada que ver con la banda que, desde las antípodas, se adelantó por varias cabezas a los nombres que poco después coparían los titulares.

SCREECHING WEASEL
Evolución melódica
1986-1989, 1991-1994, 1996-2001, 2009-presente
Chicago, Illinois

No es fácil realizar un árbol genealógico de la banda liderada por Ben Weasel. Y es que desde que el cantante y su colega John Jughead le dieran forma al grupo en Chicago, en 1986, ha tenido hasta cuatro reformas que han vuelto locos a los fanáticos de los créditos de los discos. Formados como All Night Garage Sale, rápidamente cambiaron su nombre por el de Screeching Weasel y Ben abandonó su intención de tocar el bajo y cantar para dedicarse sólo a esto último, dejando el instrumento para Vince «Vinnie Bocine» Vogel. El vivir rápido del punk-rock se lo tomaron muy en serio en cuanto a su carrera y por apenas 200 dólares grabaron su primer disco en 1987, lanzándolo con la independiente Chicago Underdog Records. A partir de aquí empieza la vorágine de cambios de formación. Nombres como los de Warren Fischer, Aaron Cometbus o Steve Cheese, entre muchos otros, entran y salen de la banda mientras llega su segundo

LP, *Boogadaboogadaboogada!* con el que deciden poner el primero de sus puntos y aparte.

El grupo regresa en 1991 con *My Brain Hurts*. En ese momento la banda ya se muestra algo alejada del hardcore punk de sus dos primeros trabajos y empieza a mostrar más inclinación por las melodías. Antes de volver a dejarlo publican *Ramones* (1992), disco de versiones de su banda de referencia, *Wiggle* (1993), *Anthem For a New Tomorrow* (1993) y *How To Make Enemies and Irritate People* (1994).

Weasel aprovecha este nuevo hiato para formar The Riverdales, aunque en 1996 ya estará grabando de nuevo como Screeching Weasel *Bark Like a Dog* con el que llegaron a un destacable –para tratarse del estilo y de ser un disco independiente–, número 34 de las listas. Tras *Television City Dream* (1998), *Emo* (1999) y *Teen Punks in Heat* (2000), el grupo anuncia que lo deja definitivamente y sus dos miembros principales se dedican a otros proyectos. Ben Weasel publica un relato, lanza un disco en solitario titulado *Fidatevi* y el nuevo trabajo de The Riverdales, *Phase Three*. Por su parte, Jughead monta un grupo llamado Even in Blackouts y también lo prueba con la literatura.

En 2004, la banda hace un amago de retorno con algunos *shows* en Chicago, aunque este no se producirá realmente hasta 2009, cuando Ben anuncia que reactiva Screeching Weasel sin Jughead. La cosa no acaba de arrancar realmente hasta que en 2011 lanzan el mini LP *Carnival of Schadenfreude*. A este seguirá el LP *First World Manifesto*, el mismo año, y ya en 2015, *Baby Fact: Act I*, con un Weasel asegurando que el grupo nunca volverá a separarse. Veremos.

SEX PISTOLS
El grupo preferido de Su Majestad
1975-1978, 1996-presente
Londres, Inglaterra

Sucios, groseros, zafios, bordes, polémicos, agresivos, malhablados... todos estos adjetivos y muchos más igual de negativos se aplicaron en su momento a los Sex Pistols, el grupo que puso la palabra punk en boca de todos aquellos que hasta entonces habían estado en la inopia respecto a lo que se cocinaba desde las catacumbas del CBGB neoyorkino y las cloacas británicas. Pero para entender su historia primero hay que conocer la figura de Malcolm McLaren. Propietario de una tienda de ropa llamada Sex en King's Road, McLaren visualizó el concepto para una nueva y rompedora banda tras ejercer de mánager para los New York Dolls en los últimos coletazos de su corta carrera. Ahí estaba la mecha, faltaba la pólvora y alguien que la prendiera. Y quien lo hizo en 1975 fue un tal Glen Matlock, empleado a tiempo parcial de Sex y bajista en sus ratos libres junto a Paul Cook y Steve Jones, comentándole a su jefe que andaban buscando un cantante. McLaren pensó en un criajo de diecinueve años que solía merodear por la tienda, un tal John Lydon, conocido por varias cosas, entre las que no estaban la educación ni las buenas maneras.

Sin tener ni idea de cantar, el carisma de Lydon le hizo entrar en la banda casi de inmediato. McLaren ya tenía su juguete a punto; bautizó a la banda como Sex Pistols y a Lydon, en honor a su peculiar concepto de la higiene personal, como Johnny Rotten. Cuenta la leyenda que su primer bolo en una escuela de arte duró diez minutos, el tiempo que tardó el programador en desconectarles el equipo.

Listo y astuto, con un talento para el *marketing* sólo comparable a su falta de escrúpulos, a principios de 1976 McLaren pasó semanas difundiendo rumores y esparciendo el boca-oreja, haciendo que los Pistols abanderaran la incipiente invasión punk. Y a fe que lo consiguió. Los bolos de la banda fueron la inspiración para decenas de otros artistas, una especie de buque rompehielos abriendo paso a toda una nueva generación.

En esos primeros meses la industria y los medios apenas si repararon en ellos, pero después del verano el ruido que generaban era ya demasiado fuerte y en noviembre EMI les pone encima de la mesa un contrato por varias

decenas de miles de libras. Apenas dos meses después, en diciembre, aparece el primer single de la banda, «Anarchy in the U.K.», y antes de Navidad hacen su famosa aparición en la BBC usando un lenguaje que causó no pocas lipotimias y caídas de monóculo entre la atildada audiencia británica. Fue tal el revuelo causado que de la inminente gira que iban a llevar a cabo se les cancelaron prácticamente todas las fechas excepto cinco, mientras EMI se veía obligada a retirar el single de las tiendas y cancelar su contrato.

En marzo de 1977 Matlock abandona la banda para formar The Rich Kids; como reemplazo, se contrata a un colega de Rotten llamado John Richie, un gañán que tenía los mismos conocimientos sobre música que sobre física cuántica, pero que derrochaba carisma y actitud y que bajo el alias de Sid Vicious le daría a la banda el toque de imagen final que necesitaban.

Un primer contrato con A&M, rescindido apenas una semana después, precedió a otro ya definitivo con Virgin en mayo. La compañía de Richard Branson editaría el segundo siete pulgadas del grupo, «God Save the Queen», el cual coincidió con el Jubileo de la Reina. Por supuesto, fue censurado en todas las emisoras del país, pero McLaren y los chicos habían hecho del adagio «que hablen de mí, aunque sea bien» todo un arte, revirtiendo la mala publicidad en una fama que crecía de forma exponencial. En consecuencia, el sencillo se vendió como rosquillas, anticipando el éxito de su primer elepé. *Never Mind the Bollocks, Here's the Sex Pistols* (1977) se convirtió al instante en la Biblia apócrifa del punk, un álbum –que incluía ambos singles– repleto de rabia, riffs asesinos (Jones siempre fue un guitarrista de fuste) y letras cargadas de mala uva, graznadas por la chirriante voz de Rotten en un himno tras otro: «Holidays in the Sun», «No Feelings», «Pretty Vacant», «EMI»...

Personas no gratas en su tierra, hacen una gira por el Continente en verano y saltan el charco en diciembre. En Estados Unidos las cosas empiezan a desmoronarse, Rotten empieza a estar harto del sensacionalismo que acompañaba a la banda allá donde fueran y en enero de 1978, tras actuar en San Francisco, anuncia la disolución del grupo.

En el futuro más inmediato Cook y Jones formarían The Professionals, Lydon haría otro tanto con Public Image, Ltd. y Vicious –adicto a la heroína junto a su novia Nancy Spungen– iría dando tumbos de forma errática hasta morir por sobredosis en febrero de 1979, con tan sólo veintiún años. Un año más tarde se estrenaría el film de Julien Temple *The Great Rock 'n' Roll Swindle* (acompañado de una banda sonora en doble elepé), un falso documental sobre la banda en el que Rotten se negó a participar.

En 1986 los tres miembros de la banda, junto a la madre de Sid, ganaron una demanda judicial contra McLaren por tema de royalties, recibiendo una compensación de casi millón y medio de dólares. Una década más tarde, en 1996, los cuatro miembros originales se reunieron por primera vez desde 1978 y se embarcaron en una gira mundial que bautizaron sarcásticamente como *The Filthy Lucre Tour*. Con el caos de antaño absolutamente descartado, los Pistols del nuevo milenio –aún agresivos pero mucho más profesionales– han ido ofreciendo conciertos y giras a lo largo de los últimos años, dando a las nuevas generaciones la posibilidad de disfrutar en directo de unas canciones que son historia viva del rock'n'roll.

SHAM 69

Himnos del arrabal

1975-1979, 1987-presente
Hersham, Inglaterra

Jimmy Pursey, nacido y crecido en Hersham, condado de Surrey, ya llevaba un currículum considerable (adolescente escapado de casa varias veces, currante eventual en mil y un trabajos sin futuro alguno) cuando empezó a frecuentar el mundillo de los pubs y las salas de Londres allá por 1976 y a hacer sus pinitos al frente de un efímero combo llamado Jimmy and the Ferrets antes de –según cuentan, inspirado por un grafiti medio borrado– rebautizarse como Sham 69

en una primera formación que aunaba la todavía escasa experiencia de Jimmy con la inoperancia instrumental de los otros miembros. Consciente de ello, en 1977 reforma completamente el grupo con los fichajes del guitarra Dave Parsons, el batería Mark Cain y el bajista Albie Maskell, que tras la grabación del primer siete pulgadas —«I Don't Wanna»— sería reemplazado por Dave Tregunna, quedando establecida la alineación clásica de la banda.

La repercusión de ese primer sencillo en las listas independientes los lleva a fichar por Polydor, para la que grabarían al año siguiente una serie de singles —«Borstal Breakout», «Angels with Dirty Faces», «If the Kids Are United»— a cual más exitoso, aunque ninguno de ellos provenía de *Tell Us the Truth*, su elepé de debut publicado en febrero y grabado mitad en estudio y mitad en directo.

Siguen su idilio con los *charts* gracias a «Hurry Up Harry» (número diez en las listas), al tiempo que publican su segunda larga duración, *That's Life*, en octubre. Un ritmo intenso el de ese 1978, tras el cual se toman más tiempo para una tercera entrega, *The Adventures of the Hersham Boys* (1979), que si bien fue su álbum más vendido hasta el momento, generó división de opiniones en cuanto se alejaba sensiblemente del sonido punk inicial para acercarse al clásico rock de estirpe británica.

Banda de indisimulada extracción popular, adscrita en parte al Oi! aun sin pretenderlo, siempre atrajo a sus conciertos una nutrida representación de skinheads de cualquier ideología, lo cual derivó no pocas veces en incidentes violentos. Unos incidentes que llegaron a su cénit durante un *show* en el Rainbow Theatre de Finsbury Park en el que los pelados de ultraderecha asaltaron el escenario y montaron una batalla campal. Desalentados y abatidos, decidieron no volver a tocar más en directo. Ello, unido a la mala relación de Pursey con la industria, condujo a la disolución del grupo al año siguiente, no sin antes publicar un cuarto trabajo de puro compromiso del que ellos mismos no tardaron en renegar.

Tregunna se uniría a Stiv Bators en The Wanderers y más tarde en Lords of the New Church y Pursey seguiría una efímera carrera en solitario hasta 1987, año en que resucita la banda junto a Parsons, manteniéndola activa en una segunda vida que en ningún momento se ha acercado a las cotas que alcanzaron en ese mágico periodo 1977-1979.

SHONEN KNIFE
Cerveza y gominolas
1981
Osaka, Japón

Osaka, Japón, diciembre de 1981. Dos hermanas –Naoko y Atsuko Yamano– y su amiga Michie Nakatani comparten el gusto por la new wave, el punk rock ramoniano y las bandas de chicas de los sesenta. Formar un grupo parece, pues, la opción más lógica. Y lo hacen con base en una instrumentación sencilla y enérgica en clásico formato de trío, una ética del DIY incontestable y unas melodías increíblemente pegadizas, al tiempo que destierran la agresividad o el nihilismo en favor de una lírica positiva, podría decirse que casi naíf.

Un debut en su ciudad ante tres docenas de personas y un casete autoeditado –*Minna Tanoshiku* (1982)– serán el preludio de sus dos primeros álbumes *Burning Farm* (1983) Y *Yama-no Attchan* (1984). Pero será en 1986, tras la edición de su tercer disco *Pretty Little Baka Guy*, cuando consigan poner pie y medio en la pujante escena alternativa estadounidense gracias al tema «One Day of the Factory», incluido en un recopilatorio de Sub Pop. Ello, sumado a que no pocas bandas yanquis las hubieran citado como favoritas, hizo que les llovieran lucrativas ofertas de varias *majors* mientras que John Peel radiaba sus temas desde Inglaterra.

A una primera gira por Estados Unidos la seguiría otro tremendo empujón por parte de la escena rock gracias a un álbum tributo en 1989 –*Every Band Has a Shonen Knife Who Loves Them*– con nombres como Sonic Youth,

L7 and Redd Kross, y la gira británica junto a Nirvana en 1991. Esa primera mitad de los noventa fue su época dorada, tocando en los festivales de Reading y Roskilde, yendo de gira con las Breeders y en el Lollapalooza del 94 y grabando unas *Peel Sessions* y otros pequeños clásicos del punk pop noventero como *Let's Knife* (1992) y *Rock Animals* (1993). Tal fue el pico de popularidad que llegaron a aparecer en el programa de la MTV Beavis and Butthead, lo que por aquel entonces era casi sinónimo de estar en la cumbre.

Hacia el final de la década la banda empieza a sufrir cambios de personal; el más significativo, la retirada de Atsuko tras casarse y establecerse en Los Ángeles. Ello no influyó en su ritmo de edición, siempre frenético, y de 2000 a 2010 editaron nada menos que ocho álbumes de estudio.

En 2009 volverían para su primera gira europea desde hacía dieciséis años para presentar su nuevo trabajo *Super Group* (2008). Y aunque a lo largo de su carrera contribuyeron con alguna versión a no pocos álbumes de tributo (Carpenters, My Bloody Valentine, Runaways), en 2011 cumplieron una deuda pendiente con ellas mismas y con sus maestros más directos con *Osaka Ramones*, en el que se meriendan con respeto y a la vez, desparpajo, trece grajeas del cancionero de los de Forest Hills.

Siempre con Naoko como cantante, guitarra y líder indiscutible, Shonen Knife continúan desde entonces publicando nuevos discos, haciendo giras y desplegando aquí y allí su punk de dibujos animados, tan dulce y disfrutable como unas chuches al salir de clase.

SICK OF IT ALL

Los reyes del hardcore neoyorkino

1986

Nueva York, Estados Unidos

Sick of It All surgieron de la primera escena hardcore neoyorkina a mediados de los ochenta junto a nombres como Rest in Pieces o Straight Ahead con los hermanos Lou (voz) y Pete Koller (guitarrista) junto a Rick Cipriano (bajista) y Armand Majidi (batería), una formación casi inalterable, con sólo Max Capshaw sustituyendo temporalmente a Majidi en la batería entre 1989 y 1991 y Cipriano siendo reemplazado definitivamente a principios de 1993 por Craig Setari, viejo amigo de la banda y ex bajista de Straight Ahead, Rest in Pieces, Youth of Today y Agnostic Front.

Empezando desde abajo, con una primera maqueta en 1987 y una serie de conciertos en el CBGB los domingos por la tarde, consiguieron un contrato con Relativity Records y debutaron en gran formato con *Blood, Sweat and No Tears* (1989), al que siguió el EP *We Stand Alone* (1991) y un segundo elepé titulado *Just Look Around* (1992). Tres trabajos bien recibidos, que les consiguieron un cierto nombre y que –especialmente el último– atrajeron la atención de East West Records, fichándolos de inmediato.

Y sería con *Scratch the Surface* (1994), tercer disco y debut en una multinacional, con el que conseguirían dar un paso de gigante en ventas, público y atención mediática, gracias a himnos como «Step Down» y la propia «Scratch the Surface» y a la gira mundial que le siguió; un éxito que repetirían con *Built to Last* tres años más tarde, del que saldrían otros clásicos de su repertorio del calibre de «Us vs. Them» o «Good Lookin' Out». Pero pese a la excelente acogida y el buen momento de la banda, East West los pone de patitas en la calle, hasta que recalan en Fat Wreck Chords, el sello de Fat Mike, cantante de NOFX, en 1998. Con ellos editarían tres nuevos álbumes de estudio –*Call to Arms* (1999), *Yours Truly* (2000) y *Life on the Ropes* (2003)– y un directo en 2002 para las series *Live in a Dive* de Fat Mike, por las que ya habían pasado o pasarían otros nombres como No Use for a Name, Bracket, Swingin' Utters o Lagwagon.

Todo ello antes de pasarse a Abacus Records, subsidiaria de Century Media. Tanto su debut en Century con *Death to Tyrants* (2006), octavo álbum de estudio, como sus tres siguientes trabajos los han mantenido hasta el día de hoy como unos clásicos en activo cuyo nombre es referencia obligada cuando hablamos de hardcore punk estadounidense.

SLAUGHTER & THE DOGS

A cuatro patas

1975-1981, 1996-presente

Wythenshawe, Manchester, Inglaterra

En el suburbio de Wythenshawe, núcleo duro del Manchester obrero a mediados de los setenta, cuatro chavales comparten cerveza, falta de expectativas y afición por el glam rock. Wayne Barrett (voz), Mick Rossi (guitarra), Howard *Zip* Bates (bajo) y Brian *Mad Muffet* Grantham (batería), el mayor de los cuales acababa de cumplir la mayoría de edad, empezaron a finales de 1975 a pasear sus versiones de Bowie y Reed por los clubs de la ciudad, colando material propio de vez en cuando bajo el nombre de Slaughter & The Dogs, nombre propuesto por Barrett combinando el *Diamond Dogs*, de Bowie con *Slaughter on 10th Avenue* de Mick Ronson.

Hasta que en julio del 76 tocaron junto a Sex Pistols en el mítico Free Trade Hall de Manchester, del que salieron un tanto trasquilados por sus pintas a lo Ziggy, pero que les serviría de trampolín para hacer contactos –el inefable Malcolm McLaren entre ellos– y asaltar Londres al poco, haciéndose habituales de salas clave de la movida como el Roxy, el Vortex, el Nashville

o el mismísimo Marquee. Del mismo modo, su amistad con el futuro mánager de Joy Division, Rob Gretton, les permitió convertirse en la primera
banda en editar un single –«Cranked Up Really High» (1977), un clásico a
día de hoy– en el sello independiente Rabid Records.

También fueron una de los primeros grupos punk en fichar por una *ma-
jor*, Decca, con la que grabarían la archiconocida «Where Have All the Boot
Boys Gone?» a finales del 77, seguida de otros dos sencillos –«Dame to
Blame» y «Quick Joey Small»– y el que sería su elepé de debut. *Do It Dog
Style*, en mayo de 1978.

Pero a principios de 1979, tras el EP «It's Alright» y un directo de tirada
limitada lanzado por Rabid –*Live Slaughter Rabid Dogs*–, grabado en The Eli-
zabethan Rooms, Manchester, el 9 de julio del 77, Barrett disuelve el grupo.
Bates y Rossi trataron de salir adelante junto a Billy Duffy, futuro guitarra
de The Cult y Phil Rowland (ex Eater) lanzando un single «I Believe/It Isn't
Me» bajo el nombre de Studio Sweethearts, aunque al poco Barrett regresaría brevemente para un nuevo sencillo, una versión del «You're Ready Now»
de Frankie Valli, y volver a largarse.

Con Ed Garrity de los Nosebleeds como nuevo *frontman*, acortaron su
nombre a Slaughter y publicaron *Bite Back* (1980) para desaparecer del mapa
hasta que en 1996 Barrett y Rossi reformarían la banda para encabezar el
festival Holidays in the Sun reclutando a Nigel Mead a las cuatro cuerdas y
al batería Noel Kay. Desde entonces, Slaughter & The Dogs han grabado
un par de discos sin demasiada historia y han seguido yendo de gira con sus
clásicos de forma continuada.

SLEATER-KINNEY
Las chicas son guerreras
1994-2006, 2014-presente
Olympia, Washington

La escena hardcore punk de Washington fue, evidentemente, un elemento fundamental para entender el estilo que empezarían a facturar Sleater-Kinney a partir del momento de su formación. No en vano, Corin Tucker y Carrie Brownstein estaban muy metidas en el estilo de vida que marcaban los bajos fondos de la ciudad. Ambas provenían del riot grrrl, y sus grupos anteriores ya se habían caracterizado por un fuerte contenido de ideología feminista, por lo que Sleater-Kinney no iba a ser menos. Además, la política y algunas luchas sociales también iban a ser parte esencial del contenido de sus letras. Más abiertas de miras que algunas compañeras y compañeros de estilo, el grupo apostó desde el principio por la mezcla de sonoridades, sin hacerle ascos al indie rock o al grunge, tan característico de los noventa.

Tras decidir concentrar sus esfuerzos en el grupo que acaban de montar Tucker y Brownstein, viajan a Australia donde se empaparán del sonido high energy. Allí aprovecharán para grabar su homónimo debut, que pisará las calles en 1995. Un álbum alabado por la crítica que las definirá como trash riot grrrl. A este le seguirán *Call the Doctor* (1996) y *Dig Me Out* (1997). Será en este último mo cuando aportarán a sus habituales influencias procedentes del punk de los setenta elementos de rock and roll clásico. Tras *All Hands on the Bad One* (2000), donde su sonido vuelve a endurecerse, llega la culminación de su acceso a un público más amplio con *One Beat* (2002). El álbum llega a ser calificado simplemente de indie-rock, y esa suavización de su sonido hace que entren incluso en la lista de Billboard. Además, las buenas ventas las llevan a acabar teloneando a un grupo tan grande como Pearl Jam. Pero Tucker y sobre todo Brownstein, eran artistas inquietas y para su siguiente trabajo, *The Woods* (2005) deciden inspirarse exclusivamente en el rock clásico setentero. Un movimiento que no fue del todo comprendido y que las llevó a anunciar una pausa indefinida en 2006.

Era sólo cuestión de tiempo que volvieran a reunirse, aunque hubo que superar ocho años para que Sleater-Kinney tomaran la decisión. En 2015, el trío publica *No Cities To Love*, un trabajo que el periodista Thomas Erlewine asegura que «equilibra cuidadosamente la urgencia y la madurez (…). Es una llamada a las armas brillante y abierta, un antídoto contra The Woods, y un disco furioso y enclaustrado que encontró a la banda protegiéndose cada vez que decidían mirar el mundo exterior». En enero de 2017, la banda pone en circulación su primer disco en directo, *Live in Paris*.

THE SLITS

Amazonas en el barro

1976

Londres, Inglaterra

En 1976 un grupo de rock sólo de chicas todavía era una *rara avis* en el Reino Unido, una anomalía en un mundo casi exclusivamente masculino. Algo que no desanimó a The Slits sino todo lo contrario. Con Ariane Forster (más conocida como Ari Up) como cantante y Paloma Romero a.k.a. Palmolive a las baquetas, Viv Albertine y Tessa Pollitt pronto reemplazarían a Kate Korus y Suzy Gutsy a la guitarra y bajo respectivamente. Fogueadas en los clubs londinenses y en sendas giras acompañando a The Clash en 1977 (el *White Riot Tour* junto a Buzzcocks, Subway Sect y The Prefects) y 1978 (*Sort It Out Tour*), de su crudo sonido y su escasa pericia instrumental quedó huella en unas primerizas *Peel Sessions*, y de su carácter guerrero y tocapelotas, del que tomaría buena nota el riot grrrl una década después, un nombre combativo (Las Rajas sería la traducción más fiel) y otras tantas historias potentes, puro anecdotario punk a la altura de otros nombres consagrados.

Pero el disco por el que son todavía hoy recordadas es *Cut* (1979). Ya sin Palmolive, reemplazada por Peter Clarke, alias Budgie (futuro Banshee junto a Siouxsie) y con Dennis Bovell como productor, The Slits conjugaron su amateurismo punk con las influencias jamaicanas habituales entre la parroquia para producir un disco de pop tan fresco como adictivo, un artefacto nuevo y diferente con pequeños clásicos como «Shoplifting», «Ping Pong Affair» o «Typical Girls». Con una portada además imposible de olvidar, en el que Ari, Viv y Tessa posan cubiertas tan sólo por unos tribales taparrabos y con el cuerpo embadurnado con barro. Por suerte en 1979 las cosas en ese sentido sí habían evolucionado lo suficiente como para que el –ligero, en todo caso– escándalo que suscitó no se viera acompañado de juicios por obscenidad y demás memeces legales.

Con el cambio de década el sonido de la banda –especialmente a raíz de una cierta asociación con la banda de postpunk The Pop Group– se tornó más y más experimental. A una colección sin título de demos caseras y canciones en borrador (conocida como *Bootleg Retrospective*) editada en 1980 la seguiría el segundo disco en estudio, *Return of The Giant Slits* (1981) pocos meses antes de que se disolvieran.

Ari y Tessa volverían al ataque en 2005 (Viv no se mostró muy dispuesta al respecto), publicando un primer EP en 2006 –*Revenge of the Killer Slits*–, yendo de gira por Estados Unidos y Australia y grabando un nuevo disco de estudio, *Trapped Animal*, en 2009. La muerte de Ari, en 2010, puso no obstante un punto y final tan triste como abrupto a esta segunda trayectoria de la banda.

PATTI SMITH
La madrina del punk
1971
Chicago, Illinois

«Creo que por ese motivo es por lo que se tienen que crear continuamente nuevos movimientos que salgan de los márgenes de la sociedad. Son disidentes, se los minimiza o se les teme. Así pasó con el rock and roll, con el jazz, el expresionismo abstracto, el impresionismo, mira, el mismo Mozart era como un rockero punk. Muchas personas con ideas que se salían de la norma social de algún modo fueron aceptadas por las generaciones posteriores y luego se volvieron parte de la cultura. Para mí el punk rock es libertad, eso es todo. No se trata de que tengas que tocar como The Ramones, que tengas que verte de algún modo o que tengas que usar un aro que te atraviese la nariz. Hablamos de libertad y me da igual cómo lo llame la gente. Como dijiste, no me gusta que me etiqueten. Yo sólo hago mi trabajo. Me han dicho de tantas formas y he vivido tanto. Antes me decían la "princesa de los orines", después fui la "reina del punk", luego "la madrina del punk" y ahora soy "la abuela del punk". Quizá muy pronto sea "el dinosaurio del punk"». En estas palabras, recogidas de una entrevista para el *New York Times* ofrecida por Patti Smith se recoge a la perfección su manera de entender el punk, más como una actitud que como un sonido.

Poeta, cantante, periodista, escritora o modelo, Patti Smith, nació en 1946 en Chicago, en la cuna de una familia de ascendencia irlandesa. En 1967 abandona la Universidad de Glassboro State y se traslada a Nueva York, ciudad que siempre irá ligada a su figura. Empieza a trabajar en una joyería y allí conocerá al fotógrafo Robert Mapplethorpe, que la convertirá en su musa. Aunque tuvo que ser un viaje a París el que la convirtiera en artista. En la ciudad europea empieza a actuar en la calle haciendo *performances* para ganarse unos euros junto a su hermana. Cuando regresa se aloja en el mítico Chelsea Hotel junto a Mapplethorpe y empieza a dejarse ver en clubes como el CBGB y el Max's Kansas City. «Cierto empresario quería que me convirtiera en una cantante de verdad, o casi; quería que me convirtiera en una Liza Minnelli con chaqueta negra», pero ella no lo tiene nada claro. Antes de decidir dar el salto a los escenarios publica tres libros de poesía, aunque finalmente en 1974 forma una banda con Lenny Kaye

y Richard Sohl. Clive Davis, presidente de Arista, queda prendado de su
única grabación, la canción «Piss Factory» a la que había llegado gracias a
la insistencia de Lou Reed, y, por supuesto, le firma un contrato. Una cosa
más, ajena a lo musical, la hacía totalmente especial. Su aspecto totalmente
andrógino rompía con los cánones establecidos para la mujer en el rock y
aquello podía ser, y fue, un punto a su favor. En 1975 llega su primer disco,
Horses, un trabajo sin el que es imposible entender la evolución del punk en
Nueva York. Un disco absolutamente definitivo que fusionaba punk y poesía hablada, producido por John Cale de The Velvet Underground, que se
abría con una particularísima versión del «Gloria» de Van Morrison. Eso
sí, el álbum no triunfaría de manera inmediata, y aunque hoy se considera
una de las cumbres de la música norteamericana, en aquel momento la
respuesta fue realmente tibia.

Tras una triunfal gira europea, Patti vuelve al estudio para grabar *Radio
Ethiopia*, un disco dedicado a Jim Morrison y Arthur Rimbaud. Otro trabajo
mejor considerado hoy que en el momento en que fue publicado. Aunque
los epítetos de madrina del punk o princesa de los orines ya eran asociados a
su nombre, quizá más respetada como artista en todo su espectro que como
música. Todos parecían respetar a Patti, pero la prensa no iba más allá del
reconocimiento de sus discos como buenos trabajos. Un accidente al caerse
de un escenario le sirve a Smith para recapacitar y prepararse mentalmente
para su siguiente aventura discográfica, el que muchos consideran su obra
cumbre en cuanto a lo musical, *Easter*. Producido por Jimmy Lovine (Tom
Petty), y publicado en 1978 incluye su versión –casi apropiación por su importancia– del «Because the Night» de Bruce Springsteen y, esta vez sí, el

éxito internacional es acorde a su fama. El disco es un compendio de rock and roll acelerado de espíritu punk y eso funcionará de maravilla comercialmente. Algo que le irá muy bien a su siguiente lanzamiento, *Dancing Barefoot* (1978), que también funciona muy bien. Había que mantenerse y *Wave* (1979) lo hace. Esta vez con Todd Rundgren a la producción contiene otro single de éxito como «Hey Fredrick» y además una sorprendente versión del «So You Want To Be (A Rock'n'Roll Star)» a pesar de lo cual poco después anuncia su retirada.

En 1980, Patti Smith se casa con Fred *Sonic* Smith, ex guitarrista de MC5, con el que tendrá un hijo poco después, aspecto este que la llevará a regresar a Chicago para vivir en un ambiente más tranquilo que el de Nueva York. No volvió a dar señales de vida hasta que en 1988, y cuando nadie lo esperaba, publica *Dream of Life* con la célebre «People Have the Power», de cuya portada, como en el resto de sus discos, se encarga Robert Mapplethorpe, que fallecerá poco después. No será la última de las muertes que tendrá que afrontar en un tiempo relativamente corto. En 1994 fallece su marido Fred Smith, y poco después su hermano, además de Richard Sohl, teclista de su banda. Eso la lleva a decidir, aprovechando la adolescencia de su hijo, volver a Nueva York donde se refugiará en amigos como Bob Dylan, con quien irá de gira en 1995 o Michael Stipe de R.E.M. con los que colaborará en su siguiente disco, *New Adventures in Hi-Fi* (1996). Ese mismo año, Patti Smith publica su siguiente trabajo, *Gone Again*, incluido en 1999 por *Rolling Stone* en su lista de discos esenciales de los noventa y muy superior a su siguiente trabajo, *Peace and Noise* (1997).

Gung Ho aparece en 2000, y dos de sus canciones serán nominadas a los premios Grammy, aunque no ganarán el galardón. Cuando en 2002 fallece la madre de la cantante, esta empezará a preparar un disco sobre su figura que fructificará en *Trampin'* (2004). El disco de versiones *Twelve* (2007) recibe muy buenas críticas, aunque el público parece valorar a Smith más por lo que ha sido que por lo que es. Ella misma se preocupa más de apoyar a causas a favor del medioambiente, protestar contra la guerra de Irak, apoyar al Partido Demócrata o hacer públicas las vergüenzas de los gobiernos norteamericanos que de su carrera musical. Su último disco hasta la fecha, *Banga*, aparece en 2012, aunque probablemente el momento culminante de estos últimos años para Patti fue la interpretación de «A Hard Rain's A-Gonna Fall» de Bob Dylan en la ceremonia en la que el bardo de Duluth recibía el Nobel de Literatura del año 2016. Patti sigue ahí, y su influencia es innegable, aunque probablemente muchos no serán conscientes de ello hasta el momento en que no esté. Cosas de la vida. Y de la muerte.

SOCIAL DISTORTION
Punk de raíces norteamericanas
1978
Fullerton, California, Estados Unido

Fullerton es una pequeña ciudad situada al norte del condado de Orange. Con apenas 100.000 habitantes, no son muchas las celebridades surgidas de allí, por lo que Social Distortion son considerados unos auténticos héroes locales, igual que sucede con el otro grupo de punk de la ciudad, The Adolescents. Pero Fullerton destacaba por algo más, como aseguraba Tony Cadena, cantante de estos últimos. «Fullerton era el lugar de origen de las guitarras Fender, lo que ciertamente era todo un honor para muchos de los músicos que vivíamos allí». En unas declaraciones extraídas del imprescindible *Tenemos la bomba de neutrones. La historia nunca contada del punk de Los Ángeles*, de Mark Spitz y Brendan Mullen, Mike Ness, líder de Social Distortion asegura que «en mi opinión sí existió un sonido Fullerton. Compartíamos muchas influencias los Adolescents, Agent Orange y mi grupo, Social Distortion. Dimos con un sonido que nos gustaba, el pop punk. Todos escuchábamos mucho a Generation X y los Buzzcocks, esos tíos crecieron con Chuck Berry, los Stones, los Beatles… Por eso siempre escucho grupos de la primera ola del punk, ya sea Johnny Thunders o los Ramones, rock and roll basado en el blues, con melodías pop y ejecutado al estilo punk».

Social Distortion ha sufrido muchos cambios desde que se formara en 1978, siendo Mike Ness el único que permanece en la banda desde sus inicios. En la actualidad la completan Jonny *2 Bags* Wickersham, Brent Harding, David Hidalgo Jr. y David Kalish. Desde el principio se caracterizaron por su manera acelerada de entender la música, siendo primero muy punks para luego ir incorporando, con el tiempo, elementos provenientes del country, el blues o el rockabilly.

Tras publicar un primer sencillo, «Mainliner/Playpen», y participar en el documental *Another State of Mind*, que recoge la gira de presentación del disco, Social Distortion publican en 1983 su primer LP, *Mommy's Little Monster*, editado en su propia compañía, 13th Floor Records. Los graves problemas de Ness con las drogas y, sobre todo, sus entradas y salidas de la cárcel por diversos delitos menores hacen que no puedan presentar el disco adecuadamente, así que se plantean grabar otro de manera inmediata. No lo consiguen y tardarán

cinco años –ruptura de por medio incluida– en poner en circulación *Prison Bound* (1988), publicado en Time Bomb Recordings, donde ya empiezan a mostrar sus inclinaciones por el country y se atreven incluso a versionar a The Rolling Stones. Será un momento clave, ya que tras el disco abandonan la independencia y firman por una *major*, Epic. Para estrenarse lanzan en 1990 un disco homónimo que ya incluirá un buen número de clásicos como «Ball and Chain», «Story of My Life» o la versión del «Ring of Fire» de su admirado Johnny Cash. El público responde a su calidad y las ventas se multiplican, algo que a la discográfica le indica que el negocio puede ser redondo. Eso se confirmará cuando aparezca su siguiente álbum, *Somewhere between Heaven and Hell* (1992) que todavía funcionará mejor en el siempre imprevisible mercado discográfico. Tras un breve parón que aprovechan para sacar un recopilatorio, en 1994 empiezan a trabajar en su nuevo disco, *White Light, White Heat, White Trash*, que aparecerá en 1995. Entonces no lo sabían, pero iban a tardar mucho tiempo en volver a grabar otro trabajo.

Mike Ness aprovecha el final de la década para grabar un par de discos en solitario donde muestra aún más la influencia de la música de raíces en su forma de entender la música. Crecen los rumores de que Social Distortion nunca volverán, y aún lo harán más cuando en 2000 un aneurisma cerebral acaba con la vida de Dennis Danell, su guitarrista. Pero cuando nadie lo esperaba suman a la banda al ex guitarrista de U.S. Bombs, Jonny *2 Bags* Wickersham, y se ponen a trabajar en un nuevo y magnífico disco, *Sex, Love and Rock 'n' Roll* (2004)

Tras años de continuas giras y rumores sobre un posible nuevo disco que siempre se iban posponiendo, en 2010 confirman su fichaje por la discográfica punk por excelencia Epitaph, en la que sacaran al mercado su nuevo disco *Hard Times and Nursery Rhymes*. «Lo británico me encantaba pero, al mismo tiempo pensaba: bueno tío ¡no soy inglés, joder! ¡No sé nada sobre la puta reina! No sé nada sobre la clase obrera inglesa. Pero sí sé lo que está sucediendo aquí. Así que fue muy importante asumir nuestra identidad norteamericana, y hacerlo pasaba por conocer nuestras raíces: el viejo blues de los negros, las big bands, el viejo country, el doowop, el rock and roll primigenio... [...] A veces he presentado una canción diciendo: Johnny Cash fue tan importante como Johnny Rotten».

STIFF LITTLE FINGERS
Altamente inflamables
1977-1982, 1987-presente
Belfast, Irlanda del Norte

Antes de descubrir el punk y reconvertirse en Stiff Little Fingers (nombre tomado de una canción de The Vibrators), Jake Burns (voz y guitarra), Henry Cluney (guitarra), Gordon Blair (bajo) y Brian Faloon (batería), eran Highgway Star, una banda de instituto bautizada en referencia al clásico de Deep Purple que paseaba sus versiones de temas de rock por Belfast y alrededores, en la época álgida de los «troubles».

Pronto Blair fue sustituido por Ali McMordie mientras Cluney les descubría esa cosa nueva llamada punk al resto de la banda. Cambio de nombre, pues, y la recomendación de que se inspiraran en el conflicto del Ulster en sus letras los llevó a una primera grabación en una radio local de la que saldría «Suspect Device». Editada en su propio sello, el tema llegó a manos de John Peel, el cual no sólo le dio cancha en su programa sino que consiguió un acuerdo de distribución con Rough Trade que les permitió vender más de 30.000 copias. Poco después Peel hizo lo mismo con otra banda norirlande-

sa, The Undertones, lo que llevó a una rivalidad entre ambos grupos que se acusaban de usar o ignorar el conflicto del Ulster a conveniencia.

Fuera como fuera, un segundo single —«Alternative Ulster»— anticipó la salida de su primer elepé, el clásico *Inflammable Material* (1979), en el que reflejaron sus influencias (que podían ir de The Clash a los Purple pasando por Thin Lizzy) y mostraron sus credenciales en un disco único. Valgan los ocho minutazos del «Johnny Was» de Marley, en los que danzan entre el reggae, el hard rock y el afterpunk para demostrarlo.

Con Burns, Cluney y McMordie como columna vertebral de la banda (el puesto de batería nunca encontró un candidato fijo), los tres discos que seguirían a su debut pueden contarse igualmente por triunfos. El paso de Rough Trade a una *major* como Chrysalis a partir de *Nobody's Heroes* (1980) no los domesticó en demasía; más enfocados en reflejar en estudio su intensidad en directo, tanto el magnífico *Go for It* (1981) como *Now Then…* (1982), en el que empiezan a hacerle ojitos a un enfoque más pop, cuadran un póker de elepés que se puede contar entre lo mejor facturado en ese periodo.

No lo entendió así el público, que paulatinamente les fue dando la espalda, originando su disolución en 1983. Volverían al cabo de cuatro años para lo que pretendían un episodio esporádico pero que, ante la atención suscitada, se convirtió en permanente. Con el abandono de Cluney y McMordie a principios de los noventa, sería Burns quien continuara adelante con el proyecto, editando discos menores pero tan estimables como *Tinderbox* (1997) o *Guitar and Drum* (2003), coartadas perfectas para seguir subiéndose a un escenario y defender un repertorio que ya es historia viva del punk.

THE STOOGES
Una bomba de relojería

1967-1974, 2003-2016
Ann Arbor, Michigan, Estados Unidos

Combustión Espontánea. Así llamó Jaime Gonzalo, probablemente el mayor especialista en The Stooges de todo el estado español, a su libro sobre la banda que lideraba Iggy Pop. Una definición perfecta para una música explosiva, gaseosa, etérea, brusca, violenta.

En 1967 nacen Psychedelic Stooges, de la mano de James Osterberg, alias Iggy Pop, el guitarrista Ron Asheton, el bajista Dave Alexander y el batería Scott Asheton, hermano de Ron. Iggy provenía de la banda de blues The Prime Movers y, sobre todo, de The Iguanas, grupo en el que tocaba la batería haciendo versiones de The Beatles, entre otros. Su reconocido apodo le llegaría por ese motivo y su particular manera de moverse acrecentada por una cojera que le provocó la poliomielitis que superó siendo un niño. Debutan el mismo año de su creación en una casa ocupada de State Street y rápidamente todo el que los ve se da cuenta de que allí hay algo diferente. No es sólo la ferocidad de un Iggy, aparentemente fuera de control y totalmente imparable, sino la brutalidad que transmite la guitarra de Ron Asheton y la locomotora sin frenos que exhibe la sección rítmica integrada por su hermano y Dave Alexander. Su nombre corre de boca en boca en Detroit, la capital del estado y Elektra se hace con sus derechos. Por si la expectación no fuera suficiente para su debut, de la producción el mismo se encargará John Cale, miembro de The Velvet

Undergorund. El disco es insuperable y aunque algunos hablan de él como proto punk, al no existir todavía el género como tal, estamos ante un tratado de punk en toda regla con temas del calado de «I Wanna Be Your Dog», «No Fun» o «We Will Fall». Un disco avanzado a su tiempo y que la prensa no entendió. En Rolling Stone, por ejemplo, era descrito como «ruidoso, aburrido, insípido, carente de imaginación e infantil». La misma revista, en 2003, lo incluiría en su lista de los mejores 500 discos de todos los tiempos. En su momento, eso sí, las ventas son escasas y aunque en concierto siguen siendo una bomba de relojería, no parece que su público esté dispuesto a pasar por caja.

No será muy diferente lo que pasará con *Fun House* (1970), su segundo disco en el que, por cierto, se atreven a incluir el saxo de Steven MacKay, en otra muestra de su evolución como banda. Siete temas inmensos, sin bajones de calidad. «Down on the Street», «TV Eye», «Dirt»…El periodista Joe Tangari aseguraría que «el aún abrasivo primer disco de The Stooges suena comparativamente "gentil" respecto al apocalíptico *Fun House*, mostrando una banda en su mejor momento estallando en tu cara». Y no le falta razón. En *Fun House* todo el grupo parece haber dado un paso más, algo que parecía imposible. Su crudeza y su visceralidad son aplastantes y no es extraño que hoy sea considerado una obra maestra. Pero, en su momento, supone un nuevo fracaso comercial. No es que los Stooges no estuvieran preparados para el mundo, sino que el mundo no estaba preparado para los Stooges. Así que Elektra se deshace de ellos señalando sus problemas con las drogas sin muchos miramientos, mientras Dave Alexander deja la banda, después de ser despedido por llegar a un concierto totalmente borracho, y es sustituido por el guitarrista James Williamson, pasando Ron así al puesto de bajista, lugar que también ocupan puntualmente James Recca o Zeke Zettner. Iggy se sume aún más en la heroína y el grupo parece tocado de muerte, pero su amigo David Bowie vendrá al rescate. En todo caso, la banda anunciará su disolución en julio de 1971.

El duque blanco conseguirá un contrato con Columbia para el siguiente disco de los Stooges, del que él se encargará de la producción junto al propio Iggy. Sería la presencia de Bowie o quizá que el público había evolucionado pero *Raw Power* (1973) es mucho mejor recibido tanto por la crítica como por las listas de ventas, aunque sin llegar nunca a lo esperado. Canciones como «Search and Destroy» o «Gimme Danger» se convertían de forma inmediata en clásicos y parecía que la pista de despegue estaba libre, pero Columbia no renovó el contrato de la banda. No querían tener tratos con una panda de drogadictos impredecibles que podían complicarles la vida en cualquier momento. Por segunda vez, una discográfica se deshacía de ellos por su drogadicción. The Stooges se disolverán de manera aparentemente definitiva en 1974, con un concierto en el que acaban a tortas con los mismísimos Hell Angels.

Tras esa separación, Iggy Pop seguirá adelante con su carrera en solitario, al principio muy apoyada por su amigo David Bowie en discos como *The Idiot* o *Lust For Life*, ambos de 1977. Seguirá mostrándose como un cantante visceral pero poco a poco irá alejándose del punk para acercarse al rock, en un sentido más amplio.

Cuando nadie lo esperaba, en 2007 aparece un nuevo disco de The Stooges. Cierto es, que sus miembros supervivientes ya se habían reunido con anterioridad, pero pocos esperaban que eso se plasmara en un disco. Todo había empezado con la reunión de los Asheton e Iggy para aparecer en el disco de este *Skull Ring* (2003). Tras esto, la banda se reúne oficialmente, siendo completado el trío por el bajista Mike Watt de The Minutemen y el saxofonista de *Fun House*, Steve MacKay. *The Weilderness* (2007) está producido por Steve Albini y la recepción es confusa. Algunos lo alaban y otros lo atacan sin rubor, aunque a la banda le sirve para hacer giras. Pero en 2009 Ron Asheton es encontrado muerto en su casa, a causa de un ataque al corazón. Es el segundo miembro original que fallece, ya que Dave Alexander había muerto en 1975 de un edema pulmonar. Iggy anuncia que Ron es irremplazable pero no es consecuente con sus palabras y James Williamson se reintegra a The Stooges apenas unas semanas después. En 2013, la remozada banda saca su último disco, *Ready To Die*. Y es que en 2014 Scott Asheton muere también de un ataque cardíaco y un año después lo hace Steve MacKay. Así se cierra la historia de una de las bandas más grandes no sólo del punk, sino de todo el universo rock.

THE STRANGLERS
Los patitos feos del punk
1974
Guildford, Surrey, Inglaterra

Seguramente The Stranglers sea el grupo punk más particular de todos los que aparecieron en Inglaterra a finales de los setenta. Su sonido nunca fue similar al de sus contemporáneos e, incluso, a nivel de imagen nunca acabaron de encajar en una escena que, sin duda, les pertenecía. Para empezar, estaba la edad de sus miembros. Algunos rozaban los cuarenta cuando el grupo se formó y tenían que compartir los escenarios con chavales que a duras penas llegaban a

la veintena. Y luego estaba su pericia instrumental. The Stranglers tocaban y
tocaban bien. Eran y son músicos excelentes y eso contrastaba con toda aquella panda de grupos que se subían a las tablas sin apenas saber cómo coger un
bajo. Por eso fueron un grupo de extremos. O los odiabas o los amabas y ese
sentimiento era común tanto para la prensa como para el público.

Será el cantante y guitarrista Hugh Cornwell el que tome la iniciativa
en 1974 para poner en marcha The Guilford Stranglers. Junto a él, el bajista y vocalista Jean-Jacques Burnell, el batería Jet Black y el teclista Dave
Greenfield, conforman la alineación principal. Aunque se iniciaron tocando
pub rock, cuando en 1976 telonean de manera sucesiva a Patti Smith y los
Ramones en sus giras británicas, y ya con el nombre reducido a The Stranglers, abandonan el estilo para dejarse caer en los brazos del punk. Pero era
un punk especial. Ellos, a diferencia del resto de los grupos de la escena,
contaban con teclados y eso hacía que muchos los compararan, no de manera totalmente equivocada, con bandas como The Doors. Rápidamente consiguen contrato con United Artists y meten su primer single «Grip» en el
puesto 4 de las listas. Saben que la clave para evolucionar como grupo está en
tocar, y realizan 200 conciertos en apenas año y medio. En 1977, producido
por Martin Rushent (T.Rex, Fleetwood Mac) llega su larga duración de debut, *Rattus Norvegicus*. El disco fue aclamado por una parte del público pero
sus letras, a menudo agresivas contra las mujeres y el feminismo, provocó
que fueran acusados de misoginia. El disco, además, se desmarcaba de sus
coetáneos. Era un álbum punk, eso nadie lo dudaba, pero allí había matices,
arreglos y un sonido absolutamente personal. Con estas primeras canciones

el grupo supo imponerse. En sus letras se metían con todo: con el punk convencional y con el modo de hacer y de decir las cosas en aquel tiempo. La selecta ideología del grupo se sustentaba sobre una música refinada, rica en matices y en sonoridad, netamente superior a la producción media de aquel periodo. Los teclados de Greenfield, además, eran el elemento diferencial más claro respecto a los otros punk-rockers y el grupo supo explotarlo al máximo para distanciarse del resto. El mismo año publican un segundo LP, *No More Heroes*, que vuelve a tener excelentes críticas y en el que, por ejemplo, muestran influencia de The Velvet Underground. Se sienten tan fuertes que incluso se atreven a grabar un single de una versión de Burt Bacharah que también es un éxito. Tienen al público ganado y lo saben. Por eso publican *Black and White* (1978) y casi seguido *The Raven* (1979), con el directo *Live (X-Cert)* por en medio. Es en *The Raven*, precisamente, donde sufren su primer varapalo, cuando la gente no entiende su giro hacia el pop y el arty. Aún arriesgan más con *La Folie* (1981) un flojo álbum tremendamente pretencioso cercano a la new wave y la música experimental. En *Feline* (1983) ya han apostado claramente por la new wave de los ochenta y los sintetizadores pop, algo que continuaría en discos como *Aural Sculpture* (1984) y *Dreamtime* (1986). Buena parte de sus antiguos seguidores los han abandonado, aunque han aparecido otros. Vuelven al redil en 1987, al grabar una espléndida versión del «All Day and All of the Night» de los Kinks, algo que confirman cuando en su siguiente disco, *10* (1990) incluyen una versión del grupo de garage ? and the Mysterians aparecida originalmente en 1966. Tras la aparición del disco, Hugh Cornwell deja la banda y entra en su lugar Paul Roberts con el que graban el que probablemente sea el peor disco de su carrera, *Stranglers in the Night*. Tras él vendrán *About Time* (1995), *Written in Red* (1997), *Coup de Grace* (1998) y *Norfolk Coast* (2004). Este último supondrá una revitalización de la banda, no sólo a nivel interno, sino también a nivel de crítica y público.

En 2006 la banda queda formada por un cuarteto, Jean Jacques Burnel, Jet Black, Dave Greenfield y Bazz Warne. Su siguiente trabajo será *Suite XVI*, ese mismo año, y en el que muestran un regreso al punk de sus inicios, con algún descuido hacia otros géneros como un curioso homenaje a Johnny Cash. No volverán a lanzar un disco hasta que en 2012 hagan lo propio con *Giants*, grabado tras la amplia gira británica que realizaron en 2010. Un disco en el que, de nuevo y como en su predecesor, apuestan por girar la mirada hacia sus trabajos de los setenta y que los llevó a realizar una amplia gira europea. En la actualidad, el grupo se encuentra ampliamente comprometido en aspectos políticos como el conflicto entre Israel y Palestina.

THE STREETWALKIN' CHEETAHS

Rindiendo tributo a sus héroes

1995
Los Ángeles, California

Se hace imposible hablar de la escena punk y hardcore de Los Ángeles de segunda hornada (aquella aparecida después de los años ochenta) sin pararse en la figura de Frank Meyer, guitarrista y vocalista de Streetwalkin Cheetahs. El grupo se forma a mediados de los noventa, en plena fiebre grunge. Meyer es un enamorado de la música punk y hardcore de su ciudad, aunque sus grandes referencias van un poco más allá. MC5 es el grupo que siempre ha defendido como básico para entender su música, algo que también sucede en muchos otros artistas punk, y Radio Birdman y su *high energy* han sido su gran influencia a la hora de cantar y, sobre todo, tocar la guitarra. Dos grupos que sin dedicarse al punk son tomados como punto de partida de muchos practicantes del género.

Aunque la esencia de Stretwalkin´ Cheetahs está en el genio de Meyer, no podemos dejar de citar a los otros componentes del grupo. Jeff Watson se encarga del bajo, Mike Sessa de la batería y, sobre todo, Art Jackson de la guitarra. Su manera de tocar y el sonido Streetwalkin´Cheetahs son absolutamente indisolubles. Un nombre, el del grupo, que por cierto surge de la canción de los Stooges «Search & Destroy» cuando Iggy Pop berrea «I'm a street walkin' cheetah». Y es que Frank no es un cualquiera, sino un auténtico especialista en música rock. Sus textos como periodista musical, por ejemplo, aparecen en la revista *Pop Smear* o en las *Detroit Chronicles*, una colección de discos sobre la escena de la ciudad en los años sesenta.

Los Streetwalkin´Cheetahs debutan en 1996 con *Heart Full of Napalm*, disco publicado por una discográfica que podemos destacar por su gusto, Alive Records y en el que aparece el mismísimo Wayne Kramer de MC5 tocando la guitarra. Un año después tienen el honor de grabar con otro de sus ídolos, Deniz Tek, guitarrista de Radio Birdman, para publicar el single «Do The Pop/ More Fun». Esa experiencia la repetirán con Cherrie Curie de The Runaways, Jeff Dahl y Jimmy Zero de Dead Boys. *Overdrive*, su segundo disco llega en 1997, aunque donde realmente destaca la banda es en sus directos. Podemos leer a Jimmy Borneo, especialista en la banda asegurando que «es bastante normal que los clubs, tras un concierto de los Cheetahs, acaben llenos de cerveza rancia, cristales rotos y sillas volcadas y destrozadas. 100% vieja escuela». Por eso quizá, el directo grabado en la emisora KLU y publicado por Triple X con el título de *Live on KXLU* es considerado habitualmente como el mejor disco de la banda. Un álbum en el que destaca, por ejemplo, una aplastante versión del «Fun House» de The Stooges con Angelo Moore de Fishbone en el saxo.

Tras ese esencial trabajo, el grupo ha publicado hasta seis discos más, siendo el último de ellos *Resurrection* (2006), consiguiendo mantener intacta su legión de fans pero dando la sensación de que quizá su carrera hubiera merecido una mayor atención.

SUM 41

¿El peor grupo del mundo?

1996

Ajax, Ontario (Canadá)

Noel Gallagher, guitarrista y principal compositor de Oasis, aseguraba en una entrevista que «estoy contento por haber vivido el tiempo suficiente para haber visto a la peor banda del mundo, Sum 41». Debió de hacerles gracia la cosa a los canadienses, porque desde ese momento utilizaron la dichosa frasecita de uno de los bocazas por excelencia del rock para hacerse publicidad. Con Deryck Whibley, Cone McCaslin y Steve Jocz como miembros actuales, el grupo se confiesa deudor del sonido de The Offspring, NOFX, Green Day y Beastie Boys.

Tras escoger su nombre por haberse formado justo 41 días después de que empezara el verano (summer), no tardan en firmar contrato con Island Records y en 2001 publican su primer LP, *All Killer No Filler*, que se convierte en todo un auténtico éxito de ventas. Tres discos de platino en Canadá, uno en Estados Unidos, otro en Reino Unido y un disco de oro en Australia lo avalan. Cuando publican su segundo trabajo, *Does this Look Infected?* (2002), ya les han colocado en el cajón del hardcore melódico o el pop punk, aunque en este trabajo se muestran más arriesgados que en su debut. La serie disco-gira-disco-gira les funciona a la perfección y se ganan el respeto del sector (no es el caso de Noel Gallagher). Iggy Pop, por ejemplo, cuenta con ellos para una canción de su decimoquinto disco en estudio, *Skull Ring* (2003).

En 2004 se produce un hecho que los marcará enormemente. El grupo estaba grabando un documental benéfico sobre la guerra en la República Democrática del Congo cuando quedaron atrapados en su hotel junto a 40 civiles. Fueron salvados gracias a las gestiones de Charles *Chuck* Pelletier, funcionario de la ONU, así que decidieron titular su siguiente disco *Chuck*. Tras este, con la seguridad económica que dan las ventas millonarias, y miembros de la banda decidiendo dejarlo, se lo toman con calma. *Underclass Hero* se publicará en 2007, *Screaming Bloody Murder* en 2011 y *13 Voices* en 2016. Y es que no vale la pena estresarse cuando eres un punkie millonario, ¿no?

SUPERSUCKERS

La banda de rock and roll más grande del mundo

1988

Tucson, Arizona

Como eslogan publicitario, eso de la banda más grande de rock and roll del mundo está muy bien y, aunque Supersuckers quizá no cumplan al 100% con el significado de la frase que ellos mismos idearon, sí que son una de los mejores combos de la historia uniendo punk y country. Formados como Black Supersuckers, en un primer momento decidieron que Eric Martin se encargara de la voz, pero en su primer disco, *The Songs All Sound the Same* (1992), esas tareas ya habían recaído en el auténtico líder y alma máter de la banda: el gran Eddie Spaghetti. Rápidamente Sub Pop se fija en ellos, cuando el country apenas ha hecho mella en su estilo y los ficha para debutar con un EP en el que se atreven a versionar al mismísimo Ice Cube.

Su primer LP para Sub Pop es *The Smoke of Hell* (1992), producido por el capo del grunge Jack Endino y donde todavía se muestran básicamente como un grupo de punk-rock. No será hasta su cuarto disco, *Must've Been High* (1997), cuando empiecen a inclinarse claramente por sonoridades cercanas a la música de raíces e incorporen estas a su particular manera de entender el punk. Algo que ya han mantenido a lo largo de toda su carrera, y que se ha hecho especialmente evidente en los devaneos en solitario de Spaghetti. Sin ir más lejos, su último trabajo hasta la fecha, *Holdin' The Bag*, es puro country rock y de punk sólo queda la actitud.

SWELL MAPS

Afinar es de cobardes

1972-1980
Solihull, Inglaterra

Cuando en 1977 salió a la venta «Read About Seymour», el seminal single de los Swell Maps, culminaba un aprendizaje musical de más de cinco años, que los hermanos Godfrey (Nikki Sudden y Epic Soundtracks) junto a David Barrington y Steve Bird (Jowe Head) pasaron mayormente en la habitación de casa de sus padres, empezando de cero, sin tener ni idea de tocar un instrumento pero con la cabeza bullendo de ideas.

Fans a partes iguales de T.Rex y de Can, sería el suyo un punk experimental y disonante, libre de cualquier cortapisa, con el que se avanzaron varios años a Sonic Youth, Pavement y otros popes del rock alternativo más arriesgado. De hecho Roni Sarig, en su libro *The Secret History of Rock: The Most Influential Bands You've Never Heard* (1998) recalcaba que Swell Maps «usaban el punk como un método, más que como un estilo».

En cualquier caso, las mil doscientas copias de ese primer single se vendieron prácticamente todas, y no pasó mucho hasta que John Peel –¿quién si no?– los reclamara para una de sus sesiones en los estudios Maida Vale de la BBC.

Con Richard Earl sustituyendo a Barrington, entre 1977 y 1980 los Swell Maps grabarían cuatro singles y dos LP, alcanzando todos ellos los primeros puestos en las listas independientes. Tras el siete pulgadas «Dresden Style» en 1978, el primer larga duración de la banda llegaría al año siguiente. *A Trip to Marineville* es toda una rareza para 1979, un disco de punk con sentido del humor, indiscutiblemente vanguardista pero sin coartadas arty ni monóculos. El *New Musical Express* hizo una reseña del disco en julio de 1979 que rezaba: «Este álbum puede confundirte, porque apunta al pasado...y al futuro», lo cual describe a la perfección lo que supuso el debut de los Maps.

Pero la banda no estaba destinada a perdurar. La juventud, la inexperiencia y la divergencia de opiniones sobre el camino a seguir hicieron que justo en mitad de una gira por Italia, en Florencia, durante la pascua de 1980, los Maps decidieran que el viaje había terminado. Aun así, se pusieron de acuerdo para, en un último esfuerzo, terminar su segundo álbum, que ya tenían muy avanzado, antes de disolverse definitivamente. *Jane from Occupied Europe* (1980), es una vuelta de tuerca a su peculiar filosofía, con nuevas e inefables andanadas como «Let's Buy a Bridge» o «Collision with a Frogman vs. The Mangrove Delta Plan» ante las que es imposible quedar indiferente.

Tras los Maps, Head se uniría a los Television Personalities de Dan Treacy mientras que Soundtracks y Sudden seguirían largas carreras en solitario.

T

TEEN IDLES
Inventores del straight edge
1979-1980
Wahington D. C.

Un par de años fueron suficientes para que Teen Idles se hicieran un nombre dentro de la escena hardcore y punk. Integrados por Nathan Strejcek, Geordie Grindle, Ian MacKaye y Jeff Nelson, tan sólo grabaron dos demos y publicaron un EP mientras estuvieron en activo pero su actitud fue tomada como ejemplo por muchos de sus contemporáneos y por bandas que aparecerían posteriormente. Además, fueron precursores del movimiento conocido como straight edge, una subcultura dentro del punk y el hardcore caracterizada por la abstinencia de sus miembros respecto a las drogas, el alcohol y el tabaco.

Desde sus inicios, Teen Idles lucharon por conseguir cierta originalidad en su actitud punk, cosa que irremediablemente los llevó hacia el hardcore. La prehistoria del grupo se inicia en 1978, cuando Ian MacKaye se hace adicto a un programa de punk de la emisora de la Universidad de Georgetown a la que asistía. Gracias a eso entabla amistad con Jeff Nelson, y juntos deciden asistir a un concierto de The Cramps. Cuando salen, están convencidos de que han de montar una banda. Empiezan por integrarse en The Slinkees, donde también toca Georgie Grindle. Como no se sienten muy seguros, especialmente en tareas vocales intentan fichar a Henry Garfield, luego conocido como Henry Rollins, aunque este rechaza la oferta. Poco después integran a Nathan Strejeck como vocalista y cambian su nombre por el definitivo de Teen Idles. En busca de una imagen personal se rapan todos la cabeza y se dejan unas reconocibles crestas, amén de llenar su vestimenta de tachuelas. Aunque su ferocidad era sólo un papel. Fuera del escenario eran buenos chicos en una lucha permanente por alejarse de vicios. Realizan varios intentos por grabar un disco, aunque nunca saben qué hacer después de las grabaciones y estas acaban perdiéndose en cajones de diferentes estudios de grabación. En 1980, la novia de Grindle, una *born again* (cristiana renacida) lo convence de que debe alejarse de la banda porque esta es una mala influencia para él, y eso supone un enfrentamiento crudísimo con Nelson, ateo hasta la muerte. Cuando el grupo ya está separado, descubren que disponen de 700 dólares, así que Nelson, Strejeck y MacKaye deciden invertirlos en crear Dischord Records y publicar *Minor Disturbanc*, una sesión de grabación realizada un año atrás en un cuatro pistas. Cuando este sale a la venta, Nelson y MacKaye ya habían formado su siguiente banda, Minor Threat.

TEXAS TERRI
La X es un pezón
1984
Austin, Texas

Aquí no hay que despejar la ecuación. Es fácil saber lo que se esconde detrás de la X, aunque quizá lo mejor es que la propia Texas Terri nos cuente cómo se inicia esa costumbre en su carrera. Lo hizo en el magazine *The Metal Circus*: «La verdad es que todo empezó de forma muy extraña. Fue una noche en la que tocaba en Los Ángeles. Mi camiseta tenía unos agujeros muy grandes y de repente se deslizó para abajo y me encontré en *topless*. Me sentí realmente mal al ver que mis pechos quedaban a la vista de todo el mundo, pero a la vez tuve un sentimiento de puro rock and roll al estar allí sin camiseta. Así fue como todo empezó. Y así es como lo sigo haciendo. Me pongo un par de tiras en forma de cruz en los pezones, y cuando tengo calor, sólo me tengo que desprender

de mi camiseta. Sigo pensando que es algo muy divertido y que deja a la gente en estado de *shock*. Pero eso es sencilla-mente porque soy una mujer. Quiero decir que… ¡venga va!… nunca he visto a Iggy con camiseta sobre un escena-rio. También te podría dar el nombre de otros chicos que no me los imagino con camiseta sobre escena. La mayoría de los chicos cuando tienen calor sobre el escenario se quitan la camiseta. Así que, ¿por qué no puedo hacerlo yo? Pero también admito que me gusta ver la cara de sorpresa de la gente».

Nacida como Terri Laird, esta mu-jer cuya imagen la hace reconocible e inolvidable no sólo en el mundo del punk, sino también en la escena del rock internacional, confiesa que «entre-nó» para ser una *rock star*. De joven pasó muchas horas delante de un espejo probando poses, haciendo caras y practicando gorgoritos. En 1984 forma The Killer Crows, una banda de trash con muy poca vida, pero es en 1987 cuando

forma el primer proyecto que le dará cierto reconocimiento, Texas Terri &
The Stiff Ones. En ella, el peso lo llevan la propia Terri y Don *Demon Boy*
Cilurso en lo que ella misma define como «una amistad artística». Debutan en
1998 con el disco *Eat Shit!* fuertemente influidos por The Stooges y también
por el punk neoyorquino de grupos como The Dictators, de los que versionan
«Let's Twist». Aunque Cilurso abandona pronto por problemas personales y
Terri decide cambiar el nombre del grupo por Texas Terri Bomb, nombre bajo
el cual publicará *Your Lips... My Ass!* (2004), en el que colabora el MC5 Wayne
Kramer, *Sex and Violence* (2006) y *Firestorm* (2010). Actualmente reside entre
Alemania y Los Ángeles, según ella para «ampliar mi espectro musical».

JOHNNY THUNDERS
Pequeño gran hombre
John Anthony Genzale
Nueva York, 15 de julio de 1952 – Nueva Orleans, 23 de abril de 1991

Nacido en el distrito de Queens, de ascendencia italiana, el joven Genzale ya
andaba a sus tiernos quince años haciendo sus pinitos en primerizos combos
de rock como The Reign o Johnny and the Jaywalkers. Pero sería a principios de los setenta cuando su carrera, por entonces todavía poco menos que
un pasatiempo, tomaría visos de leyenda al conocer a Arthur Kane y Rick
Rivets. No tardó en unirse a la banda de ambos, Actress, los cuales unos meses después –tras despedir a Rivets y fichar a Billy Murcia, David Johansen y
Sylvain Sylvain– se convirtieron en los New York Dolls.

Rebautizado como Johnny Thunders, el pequeño guitarrista y sus nuevos
compañeros tomaron al asalto la Gran Manzana con un rock'n'roll lascivo y
tóxico, cultivando una imagen travestida y anticipándose al punk en varios años.
Tanto su imagen y sus actuaciones como los dos discos que dejaron para la posteridad –*New York Dolls* (1973) y *Too Much Too Soon* (1974) pueden considerarse
como hitos proto punk, música cuya influencia se extendió a las décadas venideras y cuya impronta puede rastrearse incluso hoy día. A todas esas luces, no
obstante, les acompañaban otras tantas sombras en forma de adicciones varias.
Billy Murcia moría en 1972 por sobredosis y tanto Jerry Nolan, su reemplazo,
como Kane y sobre todo Thunders, llevaban una vida de todo menos sana.

En 1975 Thunders y Nolan dejarían los Dolls para formar los Heartbreakers junto al ex bajista de Television Richard Hell y Walter Lure, guitarra

en The Demons. La presencia de Hell fue efímera, y no tardó en ser reemplazado por Billy Rath. Con esta formación los Heartbreakers irían de gira por Estados Unidos y viajarían a Inglaterra para participar en el desastroso *Anarchy Tour* del 76. Instalados en el Reino Unido en pleno 1977, consiguen un contrato con Track Records y graban su único y legendario álbum *L.A.M.F.* (acrónimo para Like A Mother Fucker). El disco pasó a ser obra de culto en nada, apreciado por los fans pero criticado por una producción pésima que hizo que cada miembro de la banda quisiera remezclarlo por su cuenta. Nacidos para arder pronto, a finales de 1977 Nolan se larga y poco después la banda se disuelve.

Thunders no obstante se quedaría en Inglaterra para grabar su debut en solitario. *So Alone* (1978), facturado con la ayuda de una alineación de lujo que incluía a Steve Jones y Paul Cook, Phil Lynott, Peter Perrett y Steve Marriott, no renunciaba al punk pero mostraba a un Thunders más diverso, versionando clásicos del surf, recuperando su temprana afición por el sonido de Phil Spector y firmando una de sus baladas más clásicas con «You Can't Put Your Arms Around a Memory».

A finales de 1978 regresaría a Nueva York para la primera de muchas reuniones (e inmediatas despedidas) de los Heartbreakers a lo largo de los ochenta, en esta ocasión grabada para la posteridad en el clásico *Live at Max's Kansas City* (1979).

En 1980 forma Gang War con el ex guitarra de MC5 Wayne Kramer, proyecto del que saldrán un puñado de actuaciones y unas cuantas demos editadas en 1987 y 1990. Yendo de gira siempre, casi de forma ininterrumpida, en 1983 publica un magnífico álbum acústico, *Hurt Me*, seguido de *Que Sera Sera* (1985) y *Copy Cats* (1988); este último, un disco de versiones de pequeños clásicos de los cincuenta y los sesenta grabado junto a Patti Palladin, será su último álbum oficial en estudio.

Formaría entonces una nueva banda, The Oddballs, con la que saldría de gira de forma más o menos constante hasta su muerte en 1991.

La noticia de su deceso en Nueva Orleans, supuestamente por sobredosis, aunque triste no sorprendió a mucha gente. El talento y el carisma de Johnny fueron siempre parejos a su dependencia de la heroína y varias otras sustancias en una vida demasiado intensa, demasiado corta.

TITUS ANDRONICUS
La perfecta unión de indie y punk
2005
Glen Rock, Nueva Jersey

En 2005, y tomando su nombre de una tragedia de Shakespeare, se forma Titus Andronicus, a quienes Margaret Reges definirá en *AllMusic* como un grupo de indie-rock infectado por el punk. No en vano su primer disco, *The Airing of Grievances* (2008) fue descrito como «violento», «exagerado», e «irreverente» por diversos medios como *Uncut*, *Mojo* o *Pitchfork*. La primera formación de la banda, con tantos cambios de miembros como suele ser habitual en el punk rock, es la integrada por su líder Patrick Stickles a quien se suman Liam Betson, Ian Graetzer, Eric Harm y Dan Tews.

Tras publicar su debut con la Indie Trubleman Unlimited, reeditan el disco en 2009 con otra independiente pero con mucha mayor distribución como XL Recordings. Su segundo disco, *The Monitor* (2010) muestra al grupo ya buscando algo más que la velocidad y el desenfreno en sus canciones. Y es que se trata de un disco conceptual basado en temas relacionados con la Guerra Civil Norteamericana. Su apertura de miras hace que en el disco participen miembros de The Hold Steady o que salgan de gira con The Pogues o con Okkervil River, una clara muestra de que su música, además del punk incluía elementos del folk o el rock clásico de los setenta. Su tercer disco, *Local Business* (2012) es un trabajo más sencillo, pero también más inestable, y el grupo parece estar buscando una dirección para su carrera. A pesar de ello, y en parte gracias a la frescura de estar grabado con la banda en riguroso directo, acaba incluido en muchas de las listas de los mejores discos del año. Ese éxito de crítica los lleva a ser fichados por Merge Records, una de las grandes discográficas independientes del país, con grupos como Dinosaur Jr., Bob Mould o David Kilgour en su catálogo. Con ellos, y bajo la producción de Kevin McMahon & Adam Reich publican *The Most Lamentable Tragedy*, una ópera rock de 93 minutos de duración en 29 canciones que, definitivamente los muestra como la mezcla perfecta entre indie y punk rock. *A Productive Cough* (2018) es hasta el momento su último trabajo, y en él parecen haber dejado totalmente al margen el punk, aunque sólo sea respecto al sonido, para que el rock clásico tome todo el protagonismo.

DIE TOTEN HOSEN

Ricos y sexys
1982
Düsseldorf, Alemania

El Ratinger Hof era un bar de Düsseldorf frecuentado a principios de los ochenta por la parroquia punk local. Y allí fue donde, en 1982, Campino (de nombre real Andreas Frege) y Andreas von Holst, ambos en un grupo local llamado ZK se unieron a Michael Breitkopf, Trini Trimpop, Andreas Meurer y Walter November para formar Die Toten Hosen. Ese mismo año debutan en directo en el Bremer Schlachthof y lanzan un par de singles «Wir sind bereit» y «Reisefieber» antes de que aparezca su primer elepé, *Opel-Gang* (1983) en su propio sello, Totenkopf.

Justo tras salir el disco, EMI los ficha y les produce un video para «Eisgekühlter Bommerlunder», versión de una canción de taberna que había sido doble cara A en su tercer single. La grabación en una pequeña iglesia bávara fue un caos y un cachondeo, y la televisión pública alemana lo vetó por considerarlo ofensivo para los feligreses. La primera afrenta a una EMI que pronto los mandaría a freír espárragos, descontenta con sus gastos en gira y por

sus numerosos desplantes y gamberradas. Virgin llama a su puerta, no obstante, y con ellos lanzarán su segundo trabajo, *Unter Falscher Flagge* (1984),
seguido de *Damenwahl* (1986), cuya gira de presentación fue esponsorizada
por el fabricante de preservativos Fromms, que les proveyó de muestras gratis para lanzar a la audiencia.

Never Mind the Hosen, Here's Die Roten Rosen (1987), con versiones de
canciones pop germanas de los sesenta (y una portada parodiando a los Pistols) y su primer directo –*Bis zum Bitteren Ende* (1987)– serían el preludio
de su reconocimiento a nivel importante con *Ein kleines Bisschen Horrorschau*
(1988), basado parcialmente en *La naranja mecánica* y escrito para la obra de
teatro de Bernd Schadewald basada en el mismo libro, en cuyas represen-
taciones en Bonn los miembros de la banda trabajaron como actores y músicos durante medio año. Certificarían su gran momento dos años después
con el doble *Auf dem Kreuzzug ins Glück* (1990), vendiendo 150.000 copias
en la primera semana.

Learning English Lesson One (1991) con versiones de clásicos del punk
inauguraría la colaboración con T.V. Smith, de los Adverts, que sería ya tradición de ahí en adelante.

Su siguiente álbum *Kauf MICH!* (1993) subió al número uno en las listas
alemanas, al tiempo que teloneaban a U2 en sus fechas alemanas del Zoo TV
tour y lanzaban su primer recopilatorio *Reich & Sexy* (1993), editado internacionalmente como *Love, Peace & Money* (1994).

Con programa de radio propio y giras a nivel mundial inauguran su propio sello, JKP, la primera referencia del cual –*Opium fürs Volk* (1996)– llega a
platino en nada. Su estatus ya es intocable, y sus álbumes de ahí en adelante,

sin llegar al nivel de sus clásicos, mantienen el nivel. Banda de contrastada ideología izquierdista, con más de un tema zurrando a la ultraderecha y seguidores a ultranza del Fortuna Düsseldorf, Die Toten Hosen han transitado por la historia del punk alemán aportando fiesta y conciencia social, parodia y seriedad a partes iguales, al tiempo que su eclecticismo musical dentro del género los ha convertido en referentes para un par de generaciones.

TOY DOLLS

No nos tomen muy en serio

1979

Sunderland, Inglaterra

Considerados parte de la segunda ola del punk británico, Toy Dolls siempre se han caracterizado por un sentido del humor exacerbado que les ha permitido tocar cualquier tema y, en sus propias palabras, «no considerarse en serio ni a sí mismos». En 1979, Michael *Olga* Algar forma el grupo con Peter Zulu Robson a la guitarra, Philip *Flip* Dugdale al bajo y Sr. Colin Scott a la batería, encargándose él mismo de la guitarra. Zulu no dura mucho en las tareas vocales y es reemplazado de manera fugaz por Paul Hudson, llegando al final el propio Olga como cantante definitivo. Su estilo desenfadado y fresco funciona de maravilla desde el primer momento y logran lo impensable para una banda novel: un inversor. Un empresario local les paga la grabación del single *Tommy Kowey's Car* en 1980 y su carrera toma impulso.

Toy Dolls EP llega en 1980, con el grupo afianzado como trío y un nuevo batería tras el bombo, Robert Kent, conocido en el grupo como Happy Bob. Animados por el buen resultado de sus conciertos y las buenas ventas de sus EP, firman con Zonophone, una subsidiaria de EMI, pero las cosas no son como esperaban y el grupo es relegado a ser simple relleno de catálogo. Así que, ni cortos ni perezosos, rompen el contrato sin editar nada y firman otro con Volume Records, que se encargarían de publicar sus tres primeros discos. Su debut, con *Dig That Groove Baby* (1983) recibe el calificativo de «brillante» y en 2004, el experto en punk rock Ian Glasper aseguraría que había «envejecido muy bien». Al año siguiente, el grupo recupera un single que había editado en 1982 y que había pasado prácticamente inadvertido con una versión del tema tradicional infantil «Nellie the Elephant». El tema se convierte en un sorprendente número 4 de las listas de éxitos y vende la friolera de 535.000 copias. En 1985 publican *A Far Out Disc* y en 1986 *Iddle Gossip*, tras el cual Olga decide tomarse un descanso que dura apenas unos meses.

Cuando decide volver a poner en marcha a Toy Dolls, Michael Algar lo hace con una nueva formación, que será la encargada de grabar su siguiente disco, *Barefaced Cheek*. Son Dean (James) Robson al bajo y Martin *Marty* Yule a la batería. Tras *Ten Years of Toys* (1987) dejan el sello Nit, que se había encargado de esos dos trabajos, para firmar por Receiver. Entonces el grupo ya ha sufrido en sus carnes los problemas de los críticos para definirlos. Algunos hablan incluso de Oi! y, despectivamente, hasta de punk pathetique (punk patético). Ellos, disco tras disco, muestran que su público les sigue siendo fiel: *Wakey Wakey* (1989), *Twenty Two Tunes Live from Tokyo* (1990), *Fat Bob's Feet* (1991), *Absurd-Ditties* (1993), *Orcastrated* (1995) y *One More Megabyte* (1997). Juegan con los nervios de ese público cuando en 2000, y dentro de *The Anniversary Album*, incluyen una versión de «Livin'La Vida Loca» de Ricky Martin. Y sorprendentemente, esta es aceptada como parte esencial de su repertorio, demostrando así que sus fans han entendido a la perfección su axioma de que «nada debe tomarse en serio». Se vuelven a reír de sí mismos al publicar en 2004 *Our Last Album?* (¿Nuestro último disco?), aunque tras este empiezan a tomarse las cosas con más calma. Hasta 2012 sólo publicarán un disco en directo, *Treasured Toy Dolls Tracks Live* (2006), aunque volverán con el mismo sentido del humor con *The Album After the Last One* (El disco tras el último). En 2015, en una última vuelta de tuerca, graban ¡un disco acústico! en el que Olga regraba sólo con una guitarra acústica algunos de sus grandes éxitos ¿Qué será lo siguiente? Irá acompañado de un poco de cachondeo, eso seguro.

T.S.O.L.
Buscando un estilo propio
1979
Long Beach, California

Aunque en un primer momento T.S.O.L. (True Sounds of Liberty) fueron asociados directamente a la escena hardcore punk, con el paso de los años y de los discos se los ha considerado más cercanos al horror punk de bandas como Misfits. Su primera formación es la integrada por el vocalista Jack Grisham, el guitarrista Ron Emory, el bajista Mike Roche y el batería Todd Barnes aunque, cómo no, el grupo ha sido cualquier cosa menos estable en su formación.

Sus orígenes son otras bandas de punk como SS Cult y Johnny Koathanger and the Abortions, de las cuales provienen la mayor parte de sus miembros. Desde el primer momento, y como transmite el nombre del grupo, se muestran como abiertamente políticos y la práctica totalidad de sus canciones giran alrededor de temas sociales o denuncias. Antes de publicar ni siquiera su primer EP, la formación original sufre diferentes cambios. Ese primer lanzamiento llega en 1981 e incluye canciones tan definidas desde su título como «World War III» y «Abolish Government». Su primer larga duración no tendrá que esperar mucho y aparece ese mismo año con el título de *Dance with Me*. En ese momento ya se han acercado al punk de The Misfits aunque el hardcore sigue estando presente en su música. Adam Bregman: «un grupo significativo en la escena punk de finales de los setenta a principios de los ochenta de L.A., T.S.O.L, de Long Beach flirtearon brevemente con la política pseudo radical en su excepcional EP de debut, que incluía canciones como «Abolish Government/Silent Majority» y «Property Is Theft». Pero esa fase de la banda no dura mucho, ya que descartan la política en favor de las películas de terror góticas, estilo Misfits, en su primer larga duración. Este álbum contiene su canción más famosa, «Code Blue», un tema extremadamente llamativo sobre la necrofilia, muy popular entre los jóvenes fans de la banda que gritan para que lo toquen en cada *show*. No es una mera nota a pie de página en la historia del punk rock, los primeros discos de T.S.O.L. son geniales e infecciosos».

Esa misma evolución se observa en *Weathered Statues*, EP que graban para la discográfica de Jello Biafra, que intenta acercarlos más al hardcore sin conseguirlo. Incluso, temáticamente, se observa cómo se alejan conscientemente

de la política para tocar temas más banales y humorísticos en sus letras. Con *Beneath The Shadows* (1982), además, se atreven incluso a incluir un teclado en sus canciones y meter un buen número de evoluciones impensables. No hay quórum. Una parte de la banda cree que es un camino erróneo alejarse tanto del punk de sus inicios y Jack Grisham y Todd Barnes abandonan el barco, dejando su puesto a Joe Wood y Mitch Dean. Ellos serán los encargados de grabar su siguiente trabajo, *Change Today?* en 1984.

Casi por sorpresa, y sin previo aviso, en su siguiente trabajo, el grupo cambiará totalmente de estilo. Su amistad con bandas como Guns N' Roses, que llegarán a manifestar incluso que T.S.O.L. son su grupo favorito, los acercará al hard rock y al glam, y en esos terrenos se moverá *Revenge* (1986) dejando totalmente descolocados a sus seguidores. Estos deberán acostumbrarse al cambio porque *Hit and Run* (1987) y *Strange Love* (1990) seguirán por los mismos derroteros. Este último, además, tiene el dudoso honor de ser el primer disco en el que no queda ni un solo miembro original de la banda en su formación.

En 1991, los miembros originales de la banda graban *T.S.O.L. Original Members*, tocando su repertorio más punk en un serio aviso de lo que vendrá. 1996 supone la hecatombe definitiva. Esos miembros originales, con Jack Grisham al frente, empiezan a ir de gira utilizando el nombre del grupo y eso da lugar a conflictos y confusiones, al haber dos grupos actuando a la vez con el mismo nombre. Joe Wood, vocalista desde que Grisham abandonara en

1983, es el único que ha tenido la habilidad de registrar el nombre del grupo y él es, por tanto, dueño de los derechos de uso. Así que, claro está, acaban en los juzgados que, curiosamente, darán la razón a los miembros originales, que recuperan así su nombre.

Así es como consiguen actuar en el Warped Tour y como Dexter Holland, cantante de The Offspring, compra sus primeros discos para reeditarlos con su discográfica, Nitro. Aunque el momento más rocambolesco de la historia de T.S.O.L. estaba por llegar. En 2003 Jack Grisham se presenta a gobernador de California, luchando en las urnas con el mismísimo Arnold Schwarzenegger que, a la postre, resulta ganador. Esa incursión en la política le lleva a volver a su espíritu más hardcore y ese es el que se reflejará en *Divided We Stand* (2003). En 2009 publican *Life, Liberty & The Pursuit of Free Downloads*, y luego, tras una larguísima pausa, *The Trigger Complex* (2017).

«Sí, comenzaron como banda de punk, pero nunca se limitaron a tocar un solo estilo. Hicieron lo que les pareció bien, sin importar lo que pensaran los fans. Se apegaron a sus ideales y demuestran que saben lo que están haciendo. *The Trigger Complex* es un álbum variado y emocionante del que la banda debería enorgullecerse» (*New Noise*).

TURBONEGRO
El glam punk que llegó del frío
1988
Oslo, Noruega

Formados en Oslo a finales de la década de los ochenta, integran la primera alineación de Turbonegro el bajista Thomas Seltzer (Happy Tom), Pål Erik Carlin a las voces, TK a la batería y los guitarristas Vegard Heskestad, Pål Bøttger Kjærnes (Pål Pot Pamparius) y Rune Grønn (Rune Rebellion). Rápidamente se diferencian del resto de bandas del llamado rock escandinavo al optar por un punk rock adornado con buenas dosis de glam.

Su single de debut ve la luz en 1989, con «Route Zero» aunque poco después se separan, después de una corta gira por Estados Unidos. Volverán a reunirse en 1991 y es entonces cuando iniciarán las sesiones de grabación de su primer disco, *Hot Cars and Spent Contraceptive* (1992). Un golpe duro se lo llevarán cuando en 1993, su cantante Harald Fossberg tenga que dejar la banda. Su sustitución no es fácil pero aciertan al encontrar a Hans Erik

Husby, el que años más tarde sería conocido como Hank Von Helvete, cuyos ojos pintados formarán parte de la imagen inseparable al grupo. Además fichan a Knut Schreiner (Euroboy) para sustituir a Pål Pot Pamparius que, a su regreso, pasará a ocuparse de la percusión y los teclados.

Estamos en el momento cumbre del rock escandinavo. Bandas como Backyard Babies, Gluecifer o Hellacopters parecen ser el futuro del rock en todo el mundo y es necesario destacar de alguna manera. Turbonegro lo hacen con su música. El grupo ya ha grabado *Helta Skelta* (1993), *Never Is Forever* (1994) y *Ass Cobra* (1996) pero su gran disco está por llegar, y este será *Apocalypse Dudes*, una auténtica obra maestra. Fernando Ballesteros lo explica en *Efe Eme*. «Tras el giro melódico que le habían dado a su sonido, los Ramones se habían convertido en la referencia omnipresente en la música de Turbonegro, pero aquí también había mucho de Motörhead y, por supuesto algo había que coger de Kiss, y del sonido y, sobre todo, la imagen y el sentido del espectáculo de Alice Cooper […]. *Apocalypse Dudes* fue mucho más que una mera amalgama de influencias y se convirtió por méritos propios en uno de los mejores discos que el rock and roll nos dio a finales del pasado siglo».

Desafortunadamente, el grupo no pudo sacar al disco todo el rendimiento que merecía. Hank Von Helvete es ingresado en una clínica de desintoxicación para solucionar sus problemas con la heroína, y la banda se disuelve. Volverán en 2003, con el disco *Scandinavian Leather*, pero la cosa ya no será lo mismo. Lo vuelven a intentar con *Retox* (2007) y *Sexual Harassment* (2012), demostrando que cualquier tiempo pasado fue mejor.

U

UK SUBS
De la A a la Z
1976
Londres, Inglaterra

Nacidos en Londres como The Subversives (acortado a The Subs) en la primera ola del punk en 1976, la coincidencia del nombre con otra banda escocesa los llevó a anteponer el UK para diferenciarse. Pioneros del street punk, establecer con ellos un mínimo orden en las distintas formaciones es un trabajo enciclopédico. Digamos en cualquier caso que el *line up* que podríamos llamar clásico –a partir de 1978– estaba formado por Charlie Harper como *frontman*, Nicky Garratt a la guitarra, Paul *Pearl* Slack al bajo y Pete Davies como batería. Con Harper como único miembro permanente hasta el día de hoy, este antiguo peluquero que había formado parte de la escena de rhythm and blues durante los sesenta y setenta tuvo el olfato suficiente para aprovechar su experiencia y combinar los sonidos del pub rock británico con la naciente energía punk.

Así, tras varias sesiones con John Peel y abrir para The Police en algunas fechas, consiguen editar su primer sencillo, «C.I.D/Live in a Car» en 1978, un clásico instantáneo que les consigue un contrato con GEM Records en mayo de 1979. Bajo el manto del sello editarían una batería de singles que entrarían en listas —«Stranglehold», «She's Not There», «Tomorrow's Girls», «Warhead», «Teenage»— así como sus discos más conocidos: *Another Kind of Blues* (1979) y *Brand New Age* (1980), aunque su plástico más vendido sería el directo *Crash Course* (1980), grabado en el Rainbow Theatre el 30 de mayo de ese año.

A partir de 1980 empezaría el baile constante de entradas y salidas, aunque todavía conservaban buena parte de su impronta. Tanto *Diminished Responsibility* (1981), del que saldría otro exitoso single, «Party in Paris», como *Endangered Species* (1982) les siguen garantizando la atención del público, al tiempo que aparecen en Top of The Pops y se convierten en el primer grupo occidental en tocar en Polonia tras la imposición de la ley marcial y la supresión de los sindicatos.

Pero llegado 1983 las diferencias entre Harper y Garratt se hacen insostenibles. Mientras el segundo ansía abrirse al mercado estadounidense y fichar por una multinacional, Harper quiere mantenerse en los estándares sencillos de sus comienzos. Con la marcha del guitarrista, Harper mantendrá a flote a la banda durante décadas, publicando discos con una cadencia sorprendente. Discos, por cierto, cuyos títulos empiezan por letras consecutivas del alfabeto, una curiosa costumbre inaugurada con su primer trabajo y finalizada con su vigesimosexto álbum *Ziezo* (2016), tras el que Harper anunció que sólo grabarían EP de ahí en adelante.

THE UNDERTONES

Mirándose en el espejo del pop

1975-1983, 1999-presente
Derry, Irlanda del Norte

Cuando un grupo de amigos seguidores de los Beatles y los Small Faces decidieron juntarse para formar su propia banda, se estaba dando el punto de partida a The Undertones. Sus ideólogos fueron los hermanos John y Vincent O'Neill que rápidamente encontraron un lugar para ensayar en el garaje de un vecino. Empezaron tocando canciones de los grupos que les gustaban hasta que en 1976 la explosión punk puso en su camino a bandas como Sex Pistols, The Adverts o los Buzzcocks. Aunque serían los Ramones los que marcarían el horizonte hacia el que querían ir los chicos.

En 1978, The Undertones publican su primer single, «Teenage Kids», y rápidamente son acusados de ser demasiado melódicos, demasiado suaves. Por ello se les asocia la etiqueta de pop punk, algo que se reafirmará cuando se escuchen las canciones de su homónimo debut, a la venta en 1979. Grabarán tres discos más *Hypnotised* (1980), *Positive Touch* (1981) y *The Sin of Pride* (1983) aunque ninguno venderá lo suficiente para que el grupo quiera seguir adelante, algo que se suma a las tensiones que hay entre ellos. Por eso se separan. Eso sí, en 1999, Paul McLoome, cantante del grupo, trabaja para reunirlos. Empezarán a actuar de manera tímida, puntualmente, pero en 2003 publican su nuevo trabajo, *Get What You Need*. Su último trabajo, hasta la fecha, es *Dig Yourself Deep*, publicado en 2007.

THE VIBRATORS

División de honor

1976

Londres, Inglaterra

Pese a no haberse separado nunca oficialmente y mantenerse en activo hasta el día de hoy, la aportación de The Vibrators a la historia del punk puede acotarse entre los años 1976 y 1978, el periodo en que Ian *Knox* Carnochan, el guitarrista John Ellis, el bajista Pat Collier y el batería John *Eddie* Edwards grabaron aquello por lo que se los sigue recordando.

Teloneros de Chris Spedding en 1976, este convence al famoso productor Mickie Most de que los fiche para su sello RAK Records y les produzca su primer single, «We Vibrate». Favor con favor se paga, los londinenses harían de grupo de acompañamiento para Spedding en su sencillo «Pogo Dancing», y –como casi todo hijo de vecino– grabarían unas primeras sesiones para John Peel en octubre, a la que seguirían otras dos en junio de 1977 y febrero de 1978.

A principios de 1977 consiguieron un contrato con Epic Records que fructificaría en verano con *Pure Mania*, que entró directo al Top 50 de álbumes. Recibe críticas buenas, que no entusiásticas, y tendrán que pasar casi dos décadas para que se lo considere como el clásico que es.

De su siguiente elepé, *V2* (1978), en conjunto inferior a su debut, saldría no obstante el único single que conseguirían colar en el Top 40. El éxito de «Automatic Lover» los llevó a aparecer en «Top of the Pops» en horario de máxima audiencia. Un segundo single lanzado en junio, «Judy Says (Knock You in the Head)» se quedaría, pese a su calidad, en el puesto 70 de los *charts*. Y con el cambio de década, la desbandada. John Ellis se fue a trabajar con Peter Gabriel, y posteriormente con Peter Hammill y The Stranglers; Pat Collier haría otro tanto con The Soft Boys y Robyn Hitchcock, quedando sólo Eddie como miembro original hasta el presente, firmando una interminable discografía que sigue teniendo aquel lejano final de los setenta como principal y casi única referencia.

WIPERS

Rabiosa independencia

1977-1989, 1993-1999

Portland, Oregón, Estados Unidos

Citados más que a menudo como la primera banda punk surgida del noroeste americano y considerados influencia directa para buena parte de la posterior moda grunge (Nirvana, Mudhoney, Melvins o Dinosaur Jr. los citaron en más de una ocasión entre sus favoritos), Wipers siempre fueron el vehículo de su guitarrista e ideólogo Greg Sage, quien formó la banda junto al bajista Dave Koupal y el batería Sam Henry en primera instancia.

La idea en origen era disponer de una banda como un proyecto para grabar quince discos en diez años, esquivando por completo el directo y cualquier clase de promoción. Sage, interesado en la música más como arte que como entretenimiento y en el punk como coyuntura más que por estilo (en 2015 declararía: «el punk fue más un periodo de tiempo que un sonido como tal») consideraba que de ese modo el oyente eventual se enfrentaría a su música libre de condicionantes. Del mismo modo y a través de su propio estudio y sello –Trap Records– no sólo lanzarían sus trabajos, sino que los manufacturarían, controlando cada paso del proceso.

Su concepto del punk, a medio camino entre el garage de los Sonics y el futuro grunge de Nirvana, puede resumirse perfectamente en su asombrosa trilogía inicial, formada por *Is This Real?* (1980), *Youth of America* (1981) y *Over the Edge* (1983). Por entonces, empero, la radical filosofía de sus inicios había amainado levemente, al menos por lo que se refiere a los directos; la banda traspasó el circuito local de Portland y su nombre empezó a correr entre el público. De igual modo con el single «Romeo», extraído de su tercer trabajo, ven uno de sus temas emitido por la radio. Se embarcan por primera vez en una gira según los cánones, y mientras la sección rítmica va cambiando cada cierto tiempo, Sage edita varios discos más de la banda así como un primer trabajo en solitario: *Straight Ahead* (1985).

En 1989, no obstante, ante el desencuentro con la industria y, sobre todo, la pérdida de su estudio de grabación (cuartel general y alma de la banda), Sage anuncia el fin de Wipers y se muda a Phoenix, Arizona. Allí construye un nuevo estudio y publica su segundo esfuerzo solo, titulado *Sacrifice (For Love)* (1991); dos años más tarde retomaría el contacto con Steve Plouf, batería del combo en la segunda mitad de los ochenta, y en formato de dúo resucitaría a los Wipers editando tres nuevos trabajos: *Silver Sail* (1993) *The Herd* (1996) y *Power in One* (1999), este último en su nuevo sello, Zeno Records. La historia de la banda no iría mucho más allí.

Dos años más tarde Zeno editaría *Wipers Box Set*, un cofre con sus tres primeros discos –pendientes de reedición desde hacía mucho–, así como las canciones del EP *Alien Boy* y multitud de inéditos.

Sage continúa establecido en Arizona, produciendo discos, concediendo puntuales –y siempre interesantes– entrevistas y supervisando el legado de los Wipers.

WIRE

El «ego trip» de Colin Newman
1976-1980, 1985-1992, 1999-presente
Londres, Inglaterra

¿Debe el postpunk considerarse punk? Podríamos discutir la respuesta, pero dado que el género surge a partir del otro, la tendencia más lógica es considerarlo una de sus ramificaciones, por lo que la respuesta afirmativa se lleva más votos que la negativa. Wire fueron (y son) una de las bandas más representativas de ese postpunk, también llamado por algunos after punk.

No se puede entender a Wire sin hablar de su carismático líder, Colin Newman. Nacido en Salisbury, con 21 años se traslada a Londres, y un año después de llegar a la ciudad ya ha dado forma a Wire. Sólo tardaron doce

meses más en publicar *Pink Flag* (1977), con la producción de Mike Thorne, un disco sobre el que el periodista Robert Christgau aseguró en The Village Voice que era una «suite punk cargada de crudeza y desapego, con una ironía similar a la de Ramones pero mucho más sombría y atemorizante». Años más tarde, Steve Huey lo definiría en *AllMusic* como «el debut más original de la primera ola de punk británico».

La banda no tardó en evolucionar. Con su siguiente trabajo, *Chair Missing* (1978) empiezan a abandonar la urgencia punk y apuestan por canciones más atmosféricas y reflexivas, atreviéndose incluso a incluir sintetizadores en alguna canción, algo impensable en la época. Todo se acentúa en *154* (1979) donde incluso Colin Newman abandonará sus tareas vocales para dejar estas en manos del bajista Graham Lewis. Es en ese momento cuando deciden parar para dedicarse a sus carreras en solitario. El más activo, por supuesto, será Newman, que publicará *A-Z* (1980), *Provisionally Entitled the Singing Fish* (1981), *Not To* (1982) y *Commercial Suicide* (1986). Precisamente un año antes de la edición de este último, el grupo retoma a la actividad para regresar en 1987 con *The Ideal Copy* y un año después con *A Bell Is a Cup (Untill It's Struck)*. Se trata de álbumes complejos para sus fans. El grupo ha apostado por el pop y el rock y ha olvidado el punk casi por completo y, aunque eso les granjea la admiración de gente como R.E.M., Minutemen o más recientemente Franz Ferdinand, sus ventas se resienten, y mucho. Por eso, y aunque editarán cuatro discos más, vuelven a separarse en 1992.

Ajeno al desánimo, o probablemente motivado por una errática carrera en solitario, Newman reforma Wire en 1999, aunque tardará cuatro años en publicar su siguiente LP, *Send* (2013). Seis discos han publicado desde entonces y aunque nunca han sido unos súper ventas, han conservado un aura de banda de culto hasta nuestros días.

La mejor banda desconocida de punk del mundo

1977-2003
Sídney, Australia

A veces uno se encuentra leyendo un libro de fichas – como el que tienes entre manos – y se encuentra sentencias como esta: «X no sólo fueron la banda punk australiana por antonomasia, también lo fueron del mundo, aunque el reconocimiento les llegó tarde. Ni Sex Pistols, ni Damned, ni Clash les llegaban a la suela de los zapatos. Los legendarios X nunca tuvieron rival». Así se inicia la reseña del disco *X-Aspirations* (1980) que realiza Manuel Beteta en su imprescindible volumen para entender la escena australiana *El año que matamos a Skippy*.

La formación original es la integrada por Ian Rilen, Steven Lucas, Ian Krahe y Steve Cafiero. El primer traspié llega cuando Krahe muere mientras dormía y el grupo queda reducido a trío. Así grabarán su primer disco, el citado *X-Aspirations* con Lobby Loyde, de Rose Tattoo (Rilen tocaba el bajo en la arrolladora banda de hard rock) a la producción. Volviendo a Beteta, su resultado es descrito como «a diferencia de otras bandas punk, que o no saben tocar o depositan el protagonismo en el cantante, la música de X está dirigida por el bajo zumbante y envolvente de lan Rilen, idea que luego John Lydon copió para PiL con Jah Wobble». Catorce canciones que fueron publicadas originalmente en 1980 y que serían reeditadas en 2009, para acabar incluidas en el libro *100 Best Australian Albums* junto a bandas como AC/DC, Crowded House, The Go-Betweens, Midnight Oil, Bee Gees o Radio Birdman.

A pesar de la grandeza de ese disco, el grupo se toma una pausa, momento que Rilen aprovecha para formar otro combo punk, Sardine, aunque pronto decide volver a reunir a la banda. Dado que Steve Cafiero se niega a viajar a Melbourne por problemas personales, recluta a Cathy Green para encargarse de la batería en su gira, aunque una desgracia iba a convertirla en miembro fijo. Y es que Cafiero fallece a causa de un error médico mientras se realizaba unas pruebas. En 1985 ponen en circulación su segundo disco, *At Home With You*, que consigue buenos resultados en las listas de éxitos y en 1989 repiten con *X and More*. Tras este disco, el grupo vuelve a desaparecer y Rilen monta Ian Rilen & The Love Addicts. El músico fallecerá en 2006 a causa de un cáncer de espalda.

X

El faro del punk de raíces de L.A.
1977
Los Ángeles, California

Como hemos visto, es la segunda banda con el mismo nombre que tratamos, aunque es importante no confundirlas. En este caso vamos a centrarnos en el grupo liderado por John Doe y Exene Cervenka, con sede en Los Ángeles. La banda se funda en 1977 como un trío en el que se encontraban el bajista John Doe, el guitarrista Billy Zoom y la novia del primero, una aprendiz de poeta llamada Exene Cervenka. Esta asegura en *Tenemos la bomba de neutrones. La historia nunca contada del punk de Los Ángeles*, de Mark Spitz y Brendan Mullen: «Creo que es normal que al principio hubiera indecisión [...]. Es cierto que yo nunca había cantado, salvo debajo de la ducha, mientras Billy y John habían estado en mogollón de bandas y sabían muchísimo de música. Habían escuchado big bands, country, jazz, rockabilly... Habían visto a Jimi Hendrix tocar, y yo no era más que una poeta gamberra que no sabía nada de nada».

El primer contrato lo firman con el sello independiente Dangerhouse, para publicar un single, «Adult Books», en el que ya demuestran sus principales características: un punk rock muy de L.A. pero con espíritu de música de raíces e incluso del pub rock británico. Sus conciertos y su manera de encarar sus canciones los convierten en un referente en la ciudad, y en 1980 publican su primer disco, llamado simplemente *Los Ángeles*, de cuya producción se encargó Ray Manzarek, teclista de The Doors. Y es que Jim Morrison, cantante de The Doors, es reivindicado habitualmente como padrino del punk de Los Ángeles. El periodista Harvey Kunernik lo explicaba así: «me parecía realmente rebelde, relevante, ese pavoneo lascivo y borrachuzo, la insolencia puramente caprichosa». La prensa recibe muy bien el disco y se empieza a hablar más lejos de las fronteras del estado de un grupo que sabe mezclar a la perfección el punk y géneros como el rockabilly. Al año siguiente lanzan *Wild Gigt*, que se convierte en disco del año para *Rolling Stone*, *Los Angeles Times*, *The New York Times* y *The Village Voice*. Está claro que ya son todo un acontecimiento allá donde van. Además, se han convertido en el grupo más solvente de su discográfica, la legendaria independiente Slash Records.

Su fichaje por una multinacional está cantado, y este se produce en 1982. Elektra será la que se lleve el premio gordo, y con ella publican *Under the Big Black Sun*, otra vez con Manzarek como productor e incluso tocando el teclado en algún tema. Es un buen disco, con el grupo mostrando su apertura de miras pero, como casi siempre en los grupos de punk que fichaban por multinacionales, los resultados de ventas millonarias no fueron los esperados. Quizá por ello intentan suavizar su sonido y se meten más en el rockabilly y el country, algo que se verá reflejado en *More Fun in the New World* (1983), una apuesta por hacer algo más accesible para el gran público. Pero ni por esas. La crítica los sigue encumbrando pero el público no responde. Así que en otro salto al vacío, regeneran su sonido y en su siguiente disco, *Is Not Love Grand* (1986), se acercan ¡al hard rock! Cansado, Billy Zoom abandona, y es sustituido por el mismísimo Dave Alvin de The Blasters. Tras *See How We Are* (1987) y *Hey Zeus!* (1993), se separan, no sin antes regresar al estudio para grabar una versión de «The Crystal Ship» de The Doors para la banda sonora de la serie *X-Files*. Exene y Joan aprovechan para revitalizar The Knitters, un grupo de country que habían formado mediados los ochenta. De hecho, la segunda publicación del grupo, en el que también estaba Dave Alvin, les sirve para empezar a hablar de reunión. Tras unos conciertos en 2007, X vuelven a ponerse en marcha en 2008 con Billy Zoom recuperado para la causa. No han grabado ningún disco más, pero sí han salido de gira todo lo que les ha permitido la esclerosis múltiple que padece Exene y el cáncer de vejiga de Billy. Llevan tiempo amenazando con nuevo disco. A ver si es verdad.

Z

ZEKE
Metanfetamina sónica
1982
Seattle, Washington, Estados Unidos

En el Seattle de 1993, todo el mundo estaba inmerso en los sombríos quejidos del grunge de la mano de Soundgarden, Nirvana, Alice in Chains y demás nombres que poblaron la primera mitad de la década. ¿Todo el mundo? Bueno, casi. Porque espacio para el hardcore punk quedaba, y Zeke lo aprovechó. Con un *line up* original que incluía a Blind Marky Felchtone, Donny Paycheck, Mark Pierce, y Dizzy Lee Roth, su primer single «West Seattle Acid Party» establecía en apenas un minuto las bases del sonido que los iba a caracterizar, esto es una mezcla de harcore y trash con guitarras aceleradísimas y una sección rítmica a toda mecha, un punk que miraba tanto a los Motörhead más clásicos como al GG Allin menos enajenado.

Ganándose ya desde su primer concierto en el Rock City de Seattle una gran reputación como banda de directo, van de gira por la ciudad y alrededores, lanzan un nuevo single en 1994 –«Holley 750»– y su primer larga duración al año siguiente con *Super Sound Racing*. Incansables en la carretera, con la edición de *Flat Tracker* (1996) se aseguran tener suficiente repertorio para mantenerse en gira durante meses. De ese *tour* casi interminable Man's Ruin Records sacaría el directo *Woo Pig Souie*, tras el cual consiguen fichar por Epitaph y grabar *Kicked in The Teeth* (1998) otra nueva avalancha sónica producida por Jack Endino. La mejor y más amplia distribución de la mano de Epitaph les consigue nuevos seguidores a lo largo y ancho del país.

Un nuevo trabajo –*Dirty Sanchez* (2000)– verá a su término la marcha de Mark Pierce, reemplazado a las cuatro cuerdas por Jeff *The Kid* Matz. Siguen en gira continua tocando ya sea como cabezas de cartel o acompañando a artistas como Supersuckers, Jerry Cantrell , Voodoo Glow Skulls, D.O.A o incluso Pearl Jam, en noches de pabellones frente a decenas de miles de personas y otras en baruchos con apenas dos docenas de asistentes. La consigna es tocar. Rápido, potente, a toda castaña… pero tocar.

Tras un quinto disco –*Death Alley* (2001)– y un directo–*Live and Uncensored* (2003)– marchan de Epitaph para recalar en Relapse. Con ellos publicarán *'Til the Livin' End* (2004), uno de sus mejores discos hasta la fecha, punk metal pata negra que será a la postre su último disco (excepto algún single suelto por ahí) hasta que en 2016 Felchtone remoce la banda de arriba abajo y anuncie que están trabajando en nuevo material. El resultado, *Hellbender* (2008), les muestra con la misma furia y energía de siempre, como si no hubieran pasado nada menos que catorce años desde su último trabajo.

THE ZEROS

Los reyes del punk chicano
1976 - 2010
Chula Vista, California, Estados Unidos

Conocidos por muchos como Los Ramones mexicanos, The Zeros fueron mucho más. Con Javier Escovedo y Robert López (que más tarde se convertiría en El Vez, el impersonator mexicano de Elvis) al frente, y el perfecto complemento de Héctor Peñalosa y Baba Chenelle, el grupo se forma a partir de la disolución de The Main Street Brats mientras sus componentes están en dos institutos distintos de Chula Vista. Peter Case, de The Nerves, los ve actuar en un garito de mala muerte y convence al promotor del gran concierto del punk angelino de 1977 para que cuente con ellos. Así, The Zeros acaban compartiendo escenario con The Germs o The Weirdos en el Orpheum Theater de Los Ángeles. Eso los lleva a publicar rápidamente su primer single, *Wimp*, el mismo año. Y es que el grupo se inclinará básicamente por ese formato y hasta 1991 no editarán su primer larga duración. Cambios de formación, y traslados a Los Ángeles y San Francisco dieron a la banda cierta inestabilidad que les impidió, probablemente, llegar todo lo lejos que su calidad merecía. Con los ochenta, además, llegan proyectos en paralelo y en solitario de sus miembros y todo parece desvanecerse. De hecho, ellos mismos siempre han asegurado que 1981 fue su fecha de separación, aunque siempre han mantenido una mínima actividad. Por ejemplo, por sorpresa y tras dos singles más, en 1991 llega *Don't Push Me Around*, su primer elepé, que no es más que un recopilatorio de rarezas y temas en directo. Curiosamente, de los cuatro largos que componen su discografía, dos son editados por discográficas españolas.

CULTURA Y SEÑAS DE IDENTIDAD

Parece evidente que el punk es un género musical. Pero no menos lo es el hecho de que el estilo trascendió más allá de aquello que concierne estrictamente a guitarras, letras agresivas o pogos para erigirse como prácticamente un estilo de vida. Ser punk no era sólo escuchar a los Sex Pistols o los Ramones sino además creer en su forma de encarar la vida. La actitud ante la sociedad o el trabajo te convertían en tan punk como pudiera serlo cualquier vocalista de una banda. Hablamos del estilo de la rabia, el malestar y el desenfreno, pero también de crestas, tachuelas o imperdibles. Tan profundo en algunos aspectos como superficial y banal en otros. Punk se podía nacer, pero, aunque algunos defendieran lo contrario, también podía uno hacerse. Asociado habitualmente y erróneamente a drogas y alcohol, en el punk había movimientos como el straight edge, que defendía justamente lo opuesto, aunque aquello no era tan efectivo para la prensa como el eslogan No Future. La puritana sociedad británica y la aún más conservadora sociedad estadounidense vivían con estupor cómo sus jóvenes se lanzaban a la calle defendiendo que no había futuro, que este no existía y que por lo tanto iban a vivir el presente al máximo. Llevándolo todo a un límite que los adultos no podían ni siquiera pensar que pudiera existir. Si es que había límites.

«Si uno repara en el contexto social en el que nació el punk tenía que ver con una juventud en paro, una crisis económica importante, la aparición del terrorismo y una cierta psicosis que provocó en los setenta la crisis del movimiento hippy y la pérdida de la fe en el progreso frente al retorno del conservadurismo, más acusado en los ochenta con las figuras de Thatcher y Reagan», aseguraría David G. Torres, comisario de una exposición sobre el concepto punk en el Centro de Arte Dos de Mayo en Madrid en 2015. Y es que cada punk vivía su momento a su manera. Por ello, en muchas ocasiones, hemos oído decir que había tantos estilos de ser punk como personas. Porque su esencia era vivida con un carácter plural y comunitario, pero desde el individualismo. Y eso mismo sucedió con la música, razón por la cual el punk, como tal, dio lugar a una serie de subgéneros que estamos a punto de repasar y que nos ayudarán a entender mejor esas señas de identidad, desde un punto de vista eminentemente sonoro.

Punk rock

El punk rock aparece a mediados de los años setenta, heredado del garage rock que habían transmitido a la nueva década bandas como MC5. Se caracteriza por un estilo rápido y agresivo, en ocasiones, aunque no exento de melodías. En general carece de arreglos complicados y su principal apuesta es la inmediatez. Es el lugar donde probablemente situaremos a grupos como The Clash, The Damned o Ramones.

Hardcore Punk

El hardcore punk es un subgénero aparecido en Estados Unidos a finales de los años setenta. Se trata de un punk rock más acelerado con ritmos de baterías veloces y el bajo doblando las guitarras. Bad Brains, Teen Idles o Black Flag son sus nombres esenciales, aunque como sucede con los demás subgéneros, es fácil que se produzca una mezcla entre ellos.

Oi!

Relacionado esencialmente con el movimiento skinhead, dejaba que el punk de los Ramones o los Sex Pistols se fusionara con la música mod de The Jam o los Small Faces. Sus canciones optaban básicamente por los temas políticos, aspecto este que ha generado mucha controversia por las inclinaciones ultraderechistas de algunas de las bandas adscritas al estilo. Cockney Rejects o Sham 69 son algunos de los nombres principales del género.

Hardcore melódico

Subgénero del hardcore punk en el que se da especial relevancia a las melodías, por lo que se le considera a veces cercano al power pop. Se considera habitualmente que el hardcore melódico nace en California con la aparición de dos bandas, Bad Religion y Descendents. Luego son asociados a él bandas como Rise Against, The Offspring o incluso Green Day.

Cowpunk

En los años ochenta aparecen en Estados Unidos una serie de grupos que mezclan el punk con elementos que provienen del country. Son bandas como Jason & The Scorchers, Mojo Nixon, The Mekons o más recientemente, Supersuckers.

Post punk

También llamado afterpunk, es más una respuesta al debilitamiento del punk aunque es frecuente ver en ello un subgénero. Se caracteriza por la experimentación. Los grupos intentan romper con esa urgencia del punk con elementos electrónicos, ambientales y vanguardistas. Bauhaus, The Birthday o Gang of Four suelen ser incluidos en este estilo.

Art Punk

Podríamos considerarlo la respuesta más experimental al punk, y, por lo tanto, un subgénero a su vez del postpunk. En sus grupos destaca la influencia de las músicas de vanguardia y la música clásica, como ejemplos de posibilidades experimentales. PIL, Wire o Devo son algunos de sus referentes.

Punk pop

O pop punk. Cuando a mediados de los ochenta los grupos de punk empiezan a dejar de lado su lado más corrosivo para apostar por canciones que hablan de temas más costumbristas, chicas, coches, etc. se empieza hablar de punk pop o incluso de punk universitario. Entre ellos se habla de Parasites, Face To Face o Mr. T Experience.

Celtic Punk

Igual que hemos visto como en un momento dado el punk se une a la música country, lo mismo sucede con la música celta. Probablemente aquí queda claro que los primeros en hacerlo fueron The Pogues, la banda británica encabezada por Shane MacGowan, aunque el estilo se extendió a todo el mundo con grupos como Flogging Molly, The Rumjacks o Dropkick Murphys. A menudo se confunde con el folk punk.

Folk Punk

Mezcla de la actitud y la manera de tocar punk con elementos de la música folk e instrumentos acústicos. Su máximo referente son los Violent Femmes, también asociados al movimiento conocido como NRA (Nuevo Rock Americano).

Anarcopunk

Como tantos otros de estos subgéneros es fácil definir el anarcopunk a partir simplemente del análisis de su propio nombre. En él se concentraban grupos de punk que fomentaban la anarquía. El hecho de que en ese sentido todo esté concentrado en la temática de sus canciones, más que en un tema estrictamente musical, hace que aquí aparezcan grupos tan variados como Sex Pistols, Crass, Poison Girls o Dead Kennedys que, musicalmente, pueden asociarse a otros estilos también.

Death Punk

Dentro de este subgénero caracterizado por una mayor oscuridad en sus letras y también en su componente instrumental encontramos tres subgéneros, a su vez. El death punk, que incorpora al punk elementos góticos y teatrales, muy similar al horror punk. En este apartado estarían grupos como 45 Graves o Super Heroines. El grindcore, que fusiona elementos del punk con el trash y el death metal, como en el caso de Napalm Death o Anal Cunt. Y el Death Core, un metal extremo que incorpora elementos del hardcore punk, como en el caso de The Faceless.

Gypsy Punk

Otra fusión de estilo, en este caso, entre el punk y la música de raíces balcánicas del este de Europa, especialmente la música klezmer. Aquí encontramos a Gogol Bordello, Golem o Devotchka.

Skate punk

Grupos que dentro del punk-rock ahondaron en los elementos comunes a la cultura skateboarding. Eso incluye a bandas como Lagwagon o No Use For a Name.

Psychobilly

El rockabilly de los años cincuenta metido en una coctelera y bien agitado junto al punk. Esa mezcla da como resultado otros subgéneros del propio psychobilly como trashabilly, punkabilly, surfabilly, y gothabilly. The Cramps son su principal referente, aunque también agrupa a bandas como The Meteors, Tiger Army o Nekromantix.

Horror punk

También conocido como hardcore death, se centra en la pasión por el cine de terror, la ciencia ficción y las películas de serie B junto con una tendencia a las *performances* teatrales en directo. The Misfits son la banda más conocida del género.

Street Punk

Está claro, el punk de la calle y, por lo tanto, el punk de la clase obrera. Se asegura que sus orígenes están en el Oi! G.B.H. o Abrassive Wheels son algunos de sus nombres.

Glam punk
Es aquel punk que, sobre todo a mediados de los setenta y en Estados Unidos especialmente, incorpora elementos del glam rock. Evidentemente su grupo más destacado son The New York Dolls.

Punk Metal
Si bien es cierto que cada uno de estos subgéneros podría dar para libros completos, pocos darían tantísimo juego como la fusión entre el punk y el heavy metal. El abanico es tan amplio que incluye a bandas que van del metalcore de Adept, al speed metal de Agent Steel o incluso al grunge de Mudhoney.

Rapcore
La mezcla entre el hardcore punk y el hip hop da como resultado el rapcore. Su aparición se capitaliza a mediados de los ochenta con bandas como Suicidal Tendencies o Bloodhound Gang.

Christian Punk
Se hace extraña la unión de estos dos vocablos pero es cierta la existencia de una parte de la escena punk que en lugar del ateísmo habitual, se declara abiertamente cristiana. Entre esas bandas encontramos a Calibretto, Left Out o The King Kids.

Punk Blues
Otro género híbrido que une dos estilos cuyo nacimiento está separado por varias décadas. Quizá los dos combos más representativos para el arranque de este subgénero sean Gun Club y Flat Duo Jets. A partir de aquí, y especialmente en los noventa, alcanzaron el éxito bandas que suponían una evolución al estilo de estos como The White Stripes o Jon Spencer Blues Explosion.

Chicano Punk
También conocido como Latino Punk, es el punk que realizaban en Estados Unidos músicos que provenían del sur de sus fronteras. The Zeros, The Plugz o The Bags son algunas de sus referencias, aunque, en ocasiones es difícil encontrar diferencias estilísticas en su música más allá del origen de sus miembros.

Riot Grrrl

Se trata de un movimiento feminista surgido a principios de los noventa en Estados Unidos y que, en cuanto a lo musical, le debe mucho al punk rock. L7, Babes in Toyland, Bikini Kill o Sleater-Kinney son sus nombres más destacados.

Punk Pathetique

Perversión del punk, esencialmente británico, que sobre todo entre 1980 y 1982 se cuestionaba la seriedad con la que el propio punk se tomaba a sí mismo. Es un género habitualmente denostado entre los defensores a ultranza del punk, cuya principal diana son los Toy Dolls.

GUÍA DE ARTISTAS NACIONALES

BOIKOT

En 1987 y justo después de la llamada movida madrileña aparece Boikot, un grupo caracterizado por el compromiso social y sus letras de carácter reivindicativo. Entre sus referencias musicales se encuentran Ramones, Bad Religion y grupos de la escena de Euskadi como La Polla Records o Eskorbuto. Llegan a publicar hasta trece discos, entre los que destaca una trilogía titulada *La Ruta del Che* que aparece entre 1997 y 1999. Su último trabajo es el álbum en directo *Boikotea!!!*

CICATRIZ

Entre 1984 y 1995 tiene lugar la actividad de Cicatriz, uno de los grupos emblemas del llamado Rock Radikal Vasco. Procedentes de una ciudad no demasiado dada a los extremismos como Vitoria, su figura más emblemática es Natxo Etxebarrieta, con conexiones familiares con ETA y unos evidentes problemas de drogadicción. De hecho, el grupo se forma en 1983 en un centro de desintoxicación como parte de una terapia de rehabilitación. En sus once años de existencia publican cuatro discos: *Inadaptados* (1986), *4 años 2 meses y 1 día* (1991), *Colgado por ti* (1992) y *En directo* (1994). Las drogas estuvieron siempre ligadas al futuro de Cicatriz. No en vano, sus cuatro miembros originales fallecieron por causas relacionadas con ellas. Pakito Rodríguez y Pepín de sobredosis, y Natxo Etxebarrieta y Pedro Landatxe a causa del sida.

DECIBELIOS

Hablar de Decibelios es hacerlo de Oi! El grupo de El Prat de Llobregat (Barcelona) está considerado no sólo el primero del género en toda España sino el culpable de introducirlo entre sus conciudadanos. Empezaron llamándose dBs, pero al enterarse de que existía un grupo norteamericano con el mismo nombre lo cambian por el de Decibelios. En 1982 consiguen su gran oportunidad al poder realizar un concierto en la prestigiosa sala Rockola de Madrid y eso los lleva a firmar un contrato con DRO, ávida de hacerse con todo lo que se movía por la capital. Con ellos publicarán su primer disco, *Caldo de pollo* (1984) del que extrajeron el sencillo «Matar o Morir» y, sobre todo, *Oi!*, un mini LP que contenía su célebre versión del «Chaos» de The 4 Skins.

En 1986 dan un giro evidente hacia el ska que se ve reflejado en su siguiente trabajo, *Vacaciones en El Prat*. Un disco que contenía una versión no autorizada del «Angelitos Negros» de Antonio Machín, cosa que provocó que tuvieran que destruir los primeros 5.000 discos fabricados y pagar una sustanciosa multa por derechos de autor. Tras publicar un directo en 1988, en 1989 publican *Con El Tiempo Y Una Caña*, producido por Rosendo Mercado, disco tras el cual abandonan los escenarios. En 2014 anuncian su vuelta con un mini LP, *A por ellos*.

DELIRIUM TREMENS

No había quien dudara en calificarlos como uno de los mejores grupos vascos de la historia, pero lo cierto es que Delirium Tremens no acabaron de funcionar mucho más allá de las fronteras de Euskadi. Sus pasos arrancan en 1987 cuando consiguen un contrato con Oihuka Records para poner en circulación un disco compartido con el grupo navarro Zarrapo. Rápidamente ponen de manifiesto sus grandes rasgos estilísticos que los emparentan con los grupos punk británicos. Su primer disco en solitario llega en 1989 con *Ikusi Eta Ikasi* («Mira y aprende»), con el que van de gira por Euskadi, e incluso Italia y Gales pero España, como es habitual, vuelve a ignorarlos. Y es que el euskera, su lengua vehicular, se convierte en un muro demasiado duro de traspasar en el resto del estado. En 1990 se une a la banda el hermano mayor de los Muguruza, Íñigo, cosa que les dará cierto reconocimiento. Ese mismo año publican *Iru Aeroplano*, su último disco en estudio y habitualmente citado como su mejor trabajo. Su siguiente referencia será un álbum en directo titulado *Bilbo zuzenean. 91-5-24*, que editan en Esan Ozenki, la discográfica que Muguruza formará junto a otros compañeros suyos en Negu Gorriak.

DEPRESSING CLAIM

El pop punk y el punk rock tuvieron un punto geográfico de referencia en el Castellón de los noventa. De hecho, no es osado asegurar que durante un tiempo, la ciudad de la Plana concentro el foco del punk rock hispano. Una de las bandas clave para entenderlo es Depressing Claim, grupo en activo entre 1991 y 1998 y que puntualmente ha regresado en los últimos años para realizar conciertos. Enamorados del sonido de Los Ramones, Tomás *Tommy* Ramos, Luis Sánchez, Álex *Chomis* Gomis y Juan Peris formaron con la producción de Coky Ordóñez, de Shock Treatment – que además se incorporó a la banda antes de su debut discográfico–un equipo destinado a dominar la música rock en España. No fue así.

A finales de 1995 publican su debut, *Radio Surf*, un disco que no sólo recibe muy buenas críticas sino que a día de hoy sigue considerándose un punto álgido del punk rock nacional. Eso no hace que *Sólo di sí*, su siguiente trabajo, tenga una mayor repercusión para la prensa y en 1998, como apuntábamos lo dejan correr con un buen número de singles y participaciones en discos recopilatorios a sus espaldas.

DESECHABLES

En 2013, el In-Edit Festival, festival de cine documental musical de Barcelona emite en su programación *El peor dios*, una cinta dedicada a Desechables. Ésa es la forma en que mucha gente descubrirá a uno de los mejores grupos del punk nacional, cargados de una personalidad aplastante.

El grupo tiene su origen en 1981 en la localidad catalana de Vallirana, donde cinco jóvenes chiflados por Iggy Pop y The Cramps deciden coger los instrumentos y hacer lo que hacían sus ídolos. Son Jordi Solá *Dei Pei*, Miguel González *No*, Tere González, Siscu y Jaime. Muy pronto quedan reducidos a trío con Tere Desechable, con apenas 14 años, erigiéndose como auténtica líder de la banda. Tras una serie de directos explosivos logran captar la atención de diversas discográficas que les plantean la grabación de su primer disco, pero Miguel, uno de sus tres miembros, muere al intentar atracar una joyería con una pistola de juguete y todo se para. Al año siguiente, eso sí, consiguen publicar su primer trabajo, *Golpe tras golpe* (1984) formado por la actuación que habían realizado en una fiesta del Diario Pop de Radio 3 y algunas grabaciones en directo, y con él se rearman. Jordi, hermano de Marcelo *El Enano*, uno de sus grandes fans y que no se había perdido un ensayo entra en el grupo y a él se une Carlos para completarse como cuarteto. Al año siguiente graban en directo su siguiente disco, *Buen Ser-Vicio*, que publicará Tres Cipreses, aunque un error en el prensaje de los vinilos hace que la grabación se edite desnaturalizada y carente de su fuerza habitual. Será en 1987 cuando editen su primer LP en estudio, *Nadaquetemer*, con el grupo demasiado contenido por la producción. Después de diversos cambios de formación, su último disco, *Amor pirata*, ve la luz en 1987. La banda está tocada de muerte, y con un concierto en la mítica sala KGB de Barcelona lo dejarán correr el 17 de noviembre de 1988.

ESKORBUTO

De Vizcaya llegaba una banda que se autoproclamaba «la banda más honrada que ha pisado el planeta, y no somos honrados». Sería Santurce, concretamente, la ciudad que vería nacer a Eskorbuto en 1980. Son Jesús María Expósito López, conocido como Iosu y que había sido bajista de Zarama, y Juan María Suárez Fernández, también conocido por Juanma o Jualma, los que junto a Francisco Galán Portillo, *Pako*, se ponen manos a la obra. Iosu era un seguidor acérrimo de Sex Pistols y estaba seguro de que aquellas canciones de contenido político eran el camino que debía seguir su banda. En 1983 graban el single *Mucha policía, poca diversión* y se lanzan al resto del Estado a presentarlo. Pero camino a Madrid son detenidos cuando la policía comprueba en un registro a su furgoneta que sus canciones tienen por nombre «ETA» o «Maldito país». Se les aplica la ley antiterrorista y curiosamente son apoyados por todo el Estado menos por Euskadi, demasiado implicada con las gestoras proamnistía. Cuando salen de la cárcel no dudan en mostrar su rabia ante el abandono por parte de sus compatriotas en el disco *Zona Especial Norte* (1984), compartido con RIP, y en el que nuestros protagonistas incluyen la canción «A la mierda el País Vasco».

Ese rencor debido al abandono lo mantendrán en su carrera y, por ejemplo, se negarán rotundamente a que se les asocie al rock radical vasco. La cosa sólo les supone problemas, ya que les impide tocar en muchos lugares de su tierra. Eso no les impide publicar en 1985 su primer disco oficial, *Esquizofrenia*, que presentan prácticamente en todo el territorio nacional, obviando Euskadi, claro. Su carrera se mantiene y muchos los consideran una referencia, pero tras un montón de discos, las drogas acaban con ellos. Iosu fallece a causa de su adicción a la heroína en 1992 y Juanma lo hará poco después cuando, rehabilitado, sus arterias no son capaces de aguantar todo lo que se había metido en vena previamente. Tuvieron problemas con todo y con todos, incluidos con grupos como La Polla Records que los acusaron de haberles robado una guitarra, pero a día de hoy sigue siendo una banda esencial para entender el rock en Euskadi.

KORTATU

Formados en 1984 en Irún (Gipuzkoa), hablar de Kortatu es hacerlo de una de las bandas centrales del rock radikal vasco, si no la central. Fueron uno de los primeros grupos de Euskadi en combinar punk y ska, siendo The Clash su evidente gran influencia. En sus inicios empezaron a utilizar el castellano y el euskera de manera indistinta, pero su radicalización política hizo que acabaran utilizando sólo el segundo. Y es que la banda nunca ocultó sus simpatías por la izquierda *abertzale*. De hecho, el nombre del grupo proviene de Korta, el apodo de Manuel Garmendia Zubiarrain, un *mugalari* de ETA muerto a manos de la Guardia Civil.

Ponen en marcha Kortatu los hermanos Muguruza, Iñigo y Fermín, junto a Mattin, que se ocupa de la batería, aunque dejará el puesto muy pronto para cedérselo a Treku Armendariz. A pesar de haber grabado algo previamente, su popularidad arranca cuando incluyen tres temas en el *Disco de los cuatro* (1985) junto a Cicatriz, Jotakie y Kontuz-Hi!. Las canciones serán «Nicaragua sandinista», «Mierda de ciudad» y «El último ska de Manolo Rastamán». Con esas canciones convertidas en himnos, graban su primer LP, *Kortatu* (1985) que se convierte en un auténtico éxito gracias a canciones como «Sarri, Sarri» dedicada a la fuga del escritor y preso de ETA Joseba Sarrionandia. El disco es elegido mejor álbum del año por la revista musical *Muskaria* y les permite salir a presentarlo por toda Europa.

En septiembre de 1986 vuelven al estudio para grabar su segundo LP, *El estado de las cosas* (1986) un disco en el que se observa algo más que la fiesta desenfrenada del primer trabajo, con tema más oscuros como «Nivel 13». En ese momento ya está claro que Euskadi se les ha quedado pequeño. Aunque el movimiento que les llevará a grabar su tercer LP, *Kolpez Kolpe* (1988) sólo en Euskera vuelve a limitar sus movimientos por cuestiones evidentes, mientras enseña ya lo que será el ska de Negu Gorriak. Se despiden ese mismo año con un álbum grabado en directo, *Azken guda dantza*.

LA BANDA TRAPERA DEL RÍO

«El secreto de la Trapera era coger letras adecuadas y fundirlas con el hard rock que escuchaba Raf Pulido, luego acelerarlo y simplificarlo a pocos acordes. Ésa es la base de la Trapera y punto, y creo que es también la primera base del punk» aseguraba Morfi Grey, el líder de La Banda Trapera del Río, creada en 1976 en Sant Ildefons, llamada ciudad satélite, de Cornellá de Llobregat (Barcelona).

Empiezan a componer canciones que en muchas ocasiones parten de clásicos del rock and roll con la única intención de provocar a todo aquel que se pare a escucharlos. Su primer concierto tiene lugar en el Poble Espanyol de Barcelona, en un homenaje a una fallecida de las juventudes comunistas muerta en la guerra. Su primer LP titulado como el grupo ve la luz en 1979 a través de Belter, aunque Perfil lo reedita en 1992. En 1993 publican *Guante de guillotina*, un disco perdido que habían publicado en 1983, y que había quedado sin editar, y en 1994 Munster edita *Directo a los cojones*. El directo,

aunque tardío, es una muestra perfecta para entender un grupo en el que se juntaban el punk de Morfi Grey, el virtuosismo urbano de Juan Pulido, «Tío Modes», proveniente de su pasado en el rock sinfónico o la indefinición controlada de Rafa *Raf* Pulido, que no dudaba en afirmar que «ni punk ni pollas en vinagre. Nosotros lo que hacemos es música fuerte, con marcha, para pasar de todo». Además refleja a la perfección la visceralidad y provocación de canciones como «Ciutat podrida», «La regla» o «Venid a las cloacas». En la actualidad, La Trapera sigue realizando conciertos, básicamente con la única presencia de Morfi como miembro original.

LOS NIKIS

Conocidos también como Los Ramones de Algete, su origen social poco tenía que ver con el de los de Queens. Y es que Los Nikis eran niños bien de buenas familias que tuvieron el capricho de montar un grupo punk. Por ese motivo, desde el principio, fueron rechazados por la escena nacional considerando que eran un fraude poco creíble. En 1986, en plena movida madrileña, publican *Marines a pleno sol*, donde muestran que lo suyo es el punk pop divertido y sin demasiadas preocupaciones y mucho menos fregados políticos o sociales. *Submarines a pleno sol* llega al año siguiente y en 1989 lo hace *La hormigonera asesina*. El grupo lo deja a principios de los noventa y entonces un montón de bandas como Depressing Claim, F.A.N.T.A., o Shock Treatment se declararán deudores de su sonido. En 1998 llega el último capítulo cuando se publica, ya con el grupo separado, *Más de lo mismo*, las canciones que debían haber formado su cuarto disco.

LA PERRERA

En 1987 nace en los locales de Buenavista de San Sebastián La Perrera, integrada por Gonzalo Ibáñez (voz), Arturo Ibáñez (guitarra), Xabi Garre (guitarra y voz), Mikel Serrano (bajo), Jimmy Diaz (batería) y Edorta Etxeberría (batería). Lo suyo era el punk guarro, justo en el momento en que el llamado rock radikal vasco parecía de bajada. Graban una primera maqueta que acaba desembocando en el EP *Romperlo Todo* (1990). En 1991 llega un mini LP titulado *Right Side of Our Minds*, cuyo título provenía de la versión del tema de Angry Samoans que incluía y que también incluye una revisión de The Dictators y otra del «Curriqui de Barrio» de La Banda Trapera del Río. El grupo lo deja en 1993, y de su escisión nacen dos bandas esenciales, Nuevo Catecismo Católico y Señor No.

LA POLLA RECORDS

Decir La Polla Records es decir Evaristo Páramos Pérez. Formados en Salvatierra (Álava) en 1979, fueron junto a Kortatu la otra gran banda del llamado rock radikal vasco. Aunque en 1983 habían lanzado su primer EP *¿Y ahora qué?*, fue publicar su primer disco, *Salve* (1984), y las cosas se desbordaron. Cargados de letras anticapitalistas, nacionalistas, y con mensajes contra la policía, el catolicismo o la moda, la juventud vasca se identificó fácilmente con ellos.

Su segundo LP, *Revolución*, aparece en 1985 y el tercero, *No somos nada* en 1987. En este momento ya son reconocidos como el principal grupo antisistema del Estado y ellos aprovechan la situación de poder en la que se encuentran para intentar llevar las riendas de su propio negocio. Siguen grabando discos y ganando entuertos judiciales hasta que en 1994 un tribunal prohíbe al grupo utilizar su nombre. Pierden un contencioso con un antiguo técnico de sonido y el juez decreta la disolución del grupo. Estos no hacen caso y aún publicarán un disco más como La Polla Records, *Bajo presión*, pero el juez actúa y les amenaza con penas de cárcel, así que cambian su nombre por el de, simplemente, La Polla.

Con ese nombre graban el directo *La Polla en tu recto* (1998), *Toda la vida igual* (1999), *Bocas* (2001) y *El Último (el) de la Polla* (1994). Tras este abandonan definitivamente y concentran sus esfuerzos en otros proyectos.

L'ODI SOCIAL

El hardcore punk en Barcelona tiene un nombre propio marcado a fuego: L'Odi Social. Y no sólo eso, sino que el grupo tiene el honor de ser uno de los primeros grupos de rock en usar la lengua catalana como principal forma de expresarse. Durante toda su historia sólo grabaron un EP de cinco canciones, *Que pagui Pujol* (1986), toda una invitación a la desobediencia civil y a la revolución en las calles, y un LP, *Esventats* (1990). En este último se atrevían incluso a cargar contra un elemento que parecía que debía ilusionar a toda Catalunya, como la celebración de los Juegos Olímpicos de Barcelona en 1992. Ellos intentan mostrar la cara menos amable de ese proceso en su «No Olimpigs». Además, el álbum muestra su evolución desde el punk rock hasta algo más cercano al trash metal. Cuando su guitarrista Fernando Poza, *Damned*, se une a Subterranean Kids se inicia el principio de su fin.

LOS VEGETALES

Quizá pocos lo dirían ahora, pero el pasado de los hermanos Canut, Nacho y Mauro, antes de estar ligado a Alaska, estuvo en un grupo punk. Integran Los Vegetales ellos dos y el cantante y guitarra solista Juan Carlos Aured *Kid Guindilla*. Nunca llegaron a publicar un disco aunque en 1996 Subterfuge publicó un álbum de todas sus maquetas. Entre sus canciones más destacadas encontramos referencias al comic («Estela Plateada») y al cine («Pesadilla en Elm Street») aunque, sin duda, su canción más conocida es «Mi novio es un zombi» que se hizo famosa en la voz de Alaska y Dinarama. Tras su disolución, los Canut formaron otra banda de espíritu punk como Intronautas.

MOTOCICLÓN

La historia de Motociclón y su heavy punk se escribe entre 2004 y 2013. Es el grupo esencial del punk del extrarradio de Madrid. Liderados por Robertez, ex cantante de los Juanramones, grupo de versiones de los Ramones, gran *frontman* y mejor armonicista, publicaran tres LP: *Himnos de extrarradio* (2007), *Costras y tachuelas* (2009) y *Gentuza* (2010). El 19 de octubre de 2013, abandonan el proyecto despidiéndose con un concierto en la Sala Independance Club de Madrid.

NUEVO CATECISMO CATÓLICO

Como hemos apuntado anteriormente, Nuevo Catecismo Católico nace del fin de La Perrera. De allí provienen los hermanos Ibáñez, Arturo y Gonzalo, a los que se sumarán Arturo Zumalbade, Julen Atorrasagasti y Jorge Reboredo. Lo suyo sigue siendo el punk rock con reminiscencias al hardcore y así lo demostrarán en su magnífico debut en LP, por supuesto, un disco homónimo. En 1995, dos años después, publican *En llamas*, en 1996 *Aún no habéis visto nada* y en 1998 *Generación perdida*. En 2001, los Ibáñez dejan las tareas vocales que se repartían ante la entrada en el grupo del cantante Eneko Etxeandia, ex Teen Dogs. Con él grabarán el que muchos consideran su mejor disco, *Scarred For Life* (2001), y *1.530 segundos de... Nuevo Catecismo Católico* (2006).

Cuando en 2011 Eneko deja la banda, intentan encontrar de manera infructuosa otro cantante por lo que Gonzalo decide volver a hacerse cargo de la voz. Gracias a su prestancia y su calidad, NCC han compartido escenario en su carrera con Supersuckers, Chris Spedding, Gluecifer o The Saints.

PARÁLISIS PERMANENTE

La banda por excelencia del postpunk nacional es Parálisis Permanente, cuya primera formación estaba integrada por Eduardo Benavente, Javier Benavente, Nacho Canut y Johnny Canut. El grupo permanecerá en activo hasta la muerte de Eduardo en 1983.

En 1981 entran en el estudio para grabar sus primeras canciones con Jaime Urrutia de Gabinete Caligari como productor. Precisamente, su primer lanzamiento será un EP compartido con los Gabinete cuyas 1.000 copias se agotan a una velocidad de vértigo. Entre esas canciones se encontraba uno de sus grandes éxitos, «Autosuficiencia». Pronto invitan a Ana Curra en los teclados, que se convertirá en un elemento indispensable del grupo. En 1982 llega su único LP, *El Acto*, que incluye una versión en castellano del «I Wanna Be Your Dog» de los Stooges.

RAMONCÍN

Antes de ser comentarista televisivo, protagonista de la prensa rosa, miembro de la SGAE y demás banalidades, Ramoncín, como el rey del Pollo Frito fue una de las grandes figuras del punk nacional. Empieza como parte del grupo WC? Y pronto, por su actitud en escena, su nombre empieza a aparecer delante del de la banda. De hecho, en 1977, todos los miembros de WC? abandonan el grupo ante el rumbo punk que Ramoncín está dando a sus canciones y son sustituidos por músicos totalmente nuevos. Así se graba *Ramoncín y W.C.?* (1978) que contiene la canción que le dará para siempre un sobrenombre, «El Rey del Pollo Frito».

En 1979 publica su segundo disco, *Barriobajero*, con un marcado acento social, aunque su explosión mediática tendrá lugar con el siguiente, *Arañando la ciudad* (1980) que contiene canciones como «Litros de alcohol», «Reina de la noche» o «Ángel de cuero». En 1982 empieza a dejar el punk con *¡Corta!* Y, sobre todo, empieza a buscar actividades fuera de la música, en una dispersión que lo acabará alejando del punk. Ese año se inicia como comentarista de cómics en una revista. Tras ocho discos, en 1990 cierra aparentemente su carrera musical (nunca lo hará del todo) con el directo *Al límite, vivo y salvaje*, para poderse dedicar a ser presentador de televisión en la 2 de TVE.

REINCIDENTES

No hay banda punk más influyente en Andalucía que los sevillanos Reincidentes. Nacidos de la semilla del grupo Incidente Local, el grupo se manifiesta políticamente desde sus inicios como izquierda radical. Así grabarán temas en apoyo al Sahara Occidental, al movimiento zapatista mexicano, a la Revolución cubana y a los jornaleros andaluces, llegando a reinterpretar el himno de Andalucía en clave contestataria.

Su discografía es extensísima, estando a punto de llegar a las veinte referencias, en cuanto a LP se refiere, más varias participaciones en recopilatorios grupales. Como curiosidad, el grupo ha manifestado su apoyo a la piratería musical considerando que esta tiene más beneficios que perjuicios para los grupos.

SEÑOR NO

El otro grupo nacido de la escisión de La Perrera tiene en Xabi Garre a su auténtico líder, aunque también Mikel Serrano proviene de la legendaria banda. Su estilo consiste en mezclar el protopunk de The Stooges con el punk del 77 de bandas como Dead Boys, The Damned o Ramones. En 1994 se meten en el estudio para grabar una maqueta de cinco temas que,

completada con siete canciones más acabará dando forma a su homónimo
debut, siendo considerado por algunos medios especializados como uno de
los mejores discos del año.

En 1996 ponen en circulación *No Mundo* y en 1999 *No me hables*. La
sorpresa para sus fans llega cuando en 2003 se edita *Siempre te diré que no*,
producido por el valenciano Carlos Goñi, de Revólver, un grupo aparentemente muy alejado de su estilo. El resultado, eso sí, es más que satisfactorio.
En 2005 publican *Señor Sí* y en 2009 *Got Me a Hot One!* grabado junto a Roy
Loney, miembro de The Flamin' Groovies. Cuando nadie lo esperaba, en
2015 publican el magnífico *No cambies siempre*.

SHOCK TREATMENT

El otro gran grupo de punk rock de Castellón, junto a Depresing Claim,
es Shock Treatment, cuyo nombre proviene evidentemente de una canción
de los Ramones. Y Coky Ordóñez vuelve a estar implicado en él. El trío,
influido por igual por los Ramones o The Dictators que por los Beach Boys
es habitual de recopilatorios y singles de su discográfica, No Tomorrow Records. En 1996 y tras publicar un single compartido con Nuevo Catecismo
Católico, editan el que probablemente sea su mejor LP, *Operación Dragón*
producido por Jorge Reboredo.

SINIESTRO TOTAL

Pocos se atreverían a calificar a Siniestro Total, el grupo de Julián Hernández, uno de los más longevos de la historia de nuestro país, como una banda de punk rock, pero sin duda lo fueron. Su primera formación la integra Julián Hernández a las teclas, Miguel Costas como vocalista y Alberto Torrado como bajista y guitarrista. Cuando han de grabar su primer disco incorporan a Germán Coppini y Miguel pasa a ocuparse de las guitarras. Si aún queda alguna duda sobre su condición de punk no hay más que oír ese primer disco, *¿Cuándo se come aquí?*. No menos punk es su segunda referencia, *Siniestro Total II: El Regreso*, aunque ahí ya han abierto ciertamente sus miras hacia el rock, cosa que irán haciendo de manera paulatina. Una buena muestra de ello son *Menos mal que nos queda Portugal* (1984) y *Bailaré sobre tu tumba* (1985), últimos vestigios realmente punkies de su discografía.

SKATALÀ

El grupo Oi! más famoso surgido de tierras catalanas es Skatalà. Y si hay una canción esencial para entender el ska y el Oi! en Catalunya, ésa es «Borinot, Borinot». El grupo inicia su carrera en 1985 y se disuelve en 1997 tras publicar cuatro discos, y el recopilatorio *Llunàtics* (2005). En la actualidad siguen actuando puntualmente cuando su presencia es requerida, básicamente en festivales y conciertos de fiesta mayor.

TNT

El punk granadino lleva por nombre TNT, la banda de Ángel Doblas (bajo), José Antonio García *Pitos* (voz, y luego en 091), Jesús Arias (guitarra) y Joaquín Vílchez (batería). Son uno de los muchos grupos que salieron de Las Cuevas, unos curiosos locales de ensayo situados en el Alto Albaicín. Su único LP en solitario es *Manifiesto Guernika* (1983) aunque participaron en diversos discos colectivos. Quizá su gran momento es la participación en el mini LP *Rimado de ciudad*, en el que diversas bandas de Granada le ponen música a poemas del poeta granadino Luís García Montero.

ÚLTIMO RESORTE

Liderados por Silvia Escario, Último Resorte es uno de los grandes nombres del hardcore punk no sólo en Barcelona sino en todo el Estado español. Forman parte de la llamada segunda oleada del punk barcelonés, tras una primera en la que destacaban nombres como Basura o La Banda Trapera del Río.

Aunque se forman en 1979, la banda no graba nada hasta 1982, cuando aparece un EP con su nombre. Le seguirá otro EP, *Causa sin fondo* (1983). Una vez separados también se publicará el LP *Post Mortem* (1994) y *Qué difícil es ser punk* (2001). Silvia lo intentará de nuevo con Berlín 80 en los noventa, con los que llegará a editar el LP *Buscando gente rara*, pero no conseguirá volver a salir del anonimato.

VULPES

«Cuatro chicas Punk buscan local de ensayo.» Así rezaba un anuncio aparecido en la legendaria revista *Star* en 1982. Esas chicas eran las Vulpes y se iban a convertir en el grupo punk más guarro protagonizado por chicas de todo el Estado. Su gran momento lo viven cuando en 1983 aparecen en TVE interpretando «Me gusta ser una zorra», su versión del «I Wanna Be Your Dog» de The Stooges. Con la provocación por bandera sólo publicaron un EP con la susodicha canción, el LP *Me gusta ser* ya en 2006 tras su primera reunión y el directo *Barbarela 83* (2012)

GUÍA DE ARTISTAS LATINOAMERICANOS

ALERTA ROJA

A una parte de la juventud argentina de finales de los setenta, el legado musical de sus mayores (Spinetta, Nebbia, Pappo y demás) no la atraía. La realidad es un asco, la dictadura aprieta y lo que pide el cuerpo es un nuevo lenguaje más directo y agresivo. Tres de esos jóvenes –Pablo Strangler, Fernando Contreras y Daniel García, a los que pronto se les unirá Sergio Spatavecchia, alias *Mongo*, como cantante– aparecen en 1979 bajo el nombre de Los Psicópatas, prontamente censurado y cambiado a Estado de Sitio; problemas con la censura de nuevo hasta que finalmente logran establecerse como Alerta Roja, para a partir de ahí construir un cancionero punk contra el sistema. Editan la demo *Hippie japa* (1981) y, poco después de la crisis de Las Malvinas, graban su primer y mítico disco *Derrumbando la Casa Rosada* (1983), considerado también el primer disco punk argentino, como tal.

Pero los problemas afloran: ludopatía, hurtos, depresiones y adicciones mil en una historia abocada al desastre. Aun así consiguen publicar un segundo álbum, *El llanto interior* (1986), para separarse –desintegrarse, casi– al cabo de un par de años.

Pasaron años y años, cada uno por su lado con sus proyectos, algunos mejor que otros, hasta que en 2012 Mongo y Daniel reflotan los restos del naufragio para, desde entonces, actuar de vez en cuando y así mantener en pie su nombre.

ATTAQUE 77

Los inicios de Attaque 77 en Buenos Aires son los de tantas otras bandas: grupo de amigos que en 1987 empiezan a ensayar y buscar actuaciones con la vista puesta en el punk del 77. Letras de compromiso proletario, casetes de sonido muy mejorable, algún que otro bolo… lo habitual, vamos. La chispa que prendió la mecha de salida, en su caso, fue la inclusión de dos de sus temas en el recopilatorio punk *Invasión 88*, editado por Radio Trípoli. Tanto «Brigada antidisturbios» como «Sola en la cancha» destacaban muy por encima del resto de las canciones y en consecuencia el director del sello les propuso grabar un larga duración.

Salió así al mercado *Dulce Navidad* (1989), al que seguiría *El cielo puede esperar* al año siguiente, el cual contenía el tema –«Hacelo por mí»– que a la postre les dio billete a la fama. Convertida en sintonía del programa televisivo homónimo, la canción hizo de Attaque 77 uno de los nombres más populares del rock argentino. Tras un último disco para Trípoli –*Ángeles caídos* (1992)–, fichan por RCA/BMG y pasan los noventa acrecentando su popularidad, tocando junto a leyendas como Ramones, Sex Pistols, Iggy Pop o Motörhead, al tiempo que editan un par de discos de sonido más duro y agresivo y un curioso álbum de versiones titulado *Otras canciones* (1998).

Inauguran el nuevo milenio con *Radio Insomnio* (2000), uno de sus mejores álbumes, y se instalan definitivamente, hasta el día de hoy, como fenómeno de masas en Argentina y América Latina, un estatus que Mariano Martínez, Luciano Scaglione y Leonardo De Cecco se han ganado y merecido como pocos.

CÓLERA

Con el pistoletazo de salida en 1979, Cólera fue una de las primeras bandas punk de Brasil. Con los hermanos Pozzi (Redson a la voz y guitarra y Pierre a la batería), al poco se les unió Val Pinheiro al bajo, conformando el *line up* clásico que grabaría su mejor material. Discos como *Tente mudar o amanhã* (1985) o *Pela paz em todo o mundo* (1986) –este último votado por *Rolling Stone Brasil* como el segundo mejor disco brasileño de punk– forman parte de la historia y la memoria colectiva de toda una ciudad, Sao Paulo, y por extensión el resto del país. Primera banda de Brasil en ir de gira durante varios meses por Europa –al respecto queda su imprescindible directo *Cólera European Tour '87* (1988)–, siempre se les ha reconocido por haberse mantenido fieles a su concepto del DIY; su hardcore punk repleto de estribillos coreables esquivó también en parte la negatividad inherente a buena parte de sus colegas para tratar en sus canciones temas como la ecología o el pacifismo.

La muerte de Redson en 2011 a causa de una úlcera no impidió que la banda siguiera adelante, ahora con Wendel Barros como cantante y Cacá Saffiotti a la guitarra, rindiéndole tributo a uno de los músicos más queridos y respetados de la escena y acercando su música a toda una nueva generación.

DESOBEDIENCIA CIVIL

El movimiento contracultural y libertario de finales de siglo en Ciudad de México alumbró una serie de propuestas en el contexto del punk, uno de cuyos máximos exponentes fue Desobediencia Civil. Activos desde 1993, se dan a conocer ese mismo año con la cinta *Demo/Live in El Chopo*, a la que seguiría un lustro después un *split* con los brasileños Pós-Guerra, –*¡Basta bastardos!!/Sonho plebeu*– también en casete.

Antifascistas convencidos, comprometidos con mil y una causas (presos políticos, la liberación del pueblo palestino, los derechos de los animales, el problema de la emigración…), dan el salto definitivo en cuanto a popularidad con la edición de su primer disco de estudio, el aclamado *No hay libertad sin desobediencia* (2001), referencia de primer orden en la historia del punk mexicano, tras el cual se separan por temas laborales. Regresan de forma puntual en 2008 para una serie de conciertos benéficos en Estados Unidos, hasta que en 2016 se reúnen formalmente de nuevo para insuflar una segunda vida a la banda. Todavía sin nuevo material grabado, su presencia a través de las nuevas tecnologías les ha granjeado una nueva generación de seguidores al tiempo que han recuperado a los veteranos.

I.R.A.

El punk aterrizó en Colombia –en Medellín concretamente– a inicios de los ochenta con Complot, que basaban su repertorio en versiones de Clash, Buzzcocks y demás. A su vera nacieron, al poco, otros nombres como Mutantex, Peste, Pichurrias, P-Ne, una primera generación de bandas –por desgracia de escuálido cuando no inexistente legado discográfico– que reflejaban la pobreza, la desigualdad y los problemas derivados del narcotráfico, hasta la llegada de una segunda hornada a mediados de década.

Y ahí surgen precisamente I.R.A., en 1985, alrededor de David Viola, guitarra y cantante, que a partir de 1990, con la edición del ya mítico EP *Atentado terrorista*, se convierten en referencia indiscutible del punk medallo.

Docenas de apariciones en festivales a lo largo de los años, tanto en Colombia como en el resto de Sudamérica y hasta Estados Unidos, sumado a una discografía constante (con puntos álgidos como *Entre amigos* (1999), *Décadas de libertad* (2005) o su directo *En vivo*, grabado en el CBGB en 2004), un discurso coherente y una actitud tan combativa como inteligente les han conseguido una longevidad insólita para la esperanza de vida media entre los combos punk sudamericanos.

LLAJTAY KJAPARIN

El punk, como tantas otras cosas, llegó muy tarde a Bolivia. Concretamente en 1991 con Nimodo, en la ciudad de El Alto, y con Llajtay Kjaparin (El Grito del Pueblo en lengua quechua) al año siguiente, en Cochabamba. Estos últimos –Antonio Vásquez, René Cossín y Huáscar Rodriguez–, congregados junto a otras bandas en torno a la Agrupación Juvenil Revolucionaria Julián Apaza debutan con *Por los que luchan* (1992), una casete que ya contenía mini-himnos revolucionarios como «Revuelta», «Un vaso de chicha más» o «Llenos de mierda».

Con clásica formación de trío (guitarra, bajo y batería) y a base de tocar a lo largo y ancho del país junto a compañeros de fatigas como Secuencia Progresiva, Scoria, Patria Amarga, S.O.S o Los Peores, los cochabambinos crearon y a la vez establecieron en tiempo record una escena hasta entonces inexistente.

Una segunda casete –*504* (1996)– tras algunos cambios de personal dejó nuevas y exaltadas soflamas («Yapame casera», «Sua», «Conflicto social») y puso punto final a su trayectoria, aún hoy presente y reivindicada en el país andino

MASSACRE 68

Bautizados en honor a los estudiantes asesinados por el ejército mexicano el 2 de octubre de 1968 en la conocida como masacre de Tlatelolco, Massacre 68 es tal vez el nombre más importante de la tercera ola del punk mexicano, aquella que a mediados de los ochenta acogió con los brazos abiertos el hardcore que llegaba de Estados Unidos. Los cuatro miembros originales de la banda –procedentes de otros grupos como Histeria, Kaos Subterráneo o Descontrol– no tardan en autoeditarse una cinta –*Demo* (1987)– con la que salir de gira y darse a conocer.

Tres años emplean en ir de gira sin descanso y en entradas y salidas de personal hasta grabar el elepé *¡No estamos conformes!* (1990), piedra angular –de nuevo autoeditada– del hardcore punk azteca. Es su momento de mayor proyección, en el que telonean a La Polla Records en su primera visita a México y son invitados a participar en la cinta *Die Freiheit*, a beneficio de Greenpeace, pero el desencuentro constante con promotores carroñeros y demás buitres les termina minando la moral y en 1991 cancelan la grabación del que iba a ser su siguiente disco, *Zonas marginadas*, y se separan, reuniéndose esporádicamente para proyectos y conciertos hasta el día de hoy.

LOS PRISIONEROS

Claudio Narea, Jorge González y Miguel Tapia se conocieron en un instituto de la comuna San Miguel de Santiago, y casi desde el primer momento tuvieron en mente el proyecto de montar su propio grupo, hasta que Los Prisioneros nacieron oficialmente en 1983. Una banda de espíritu punk, influenciada por The Clash tanto a nivel musical como ideológico, que creó himnos como «La voz de los '80», «No necesitamos banderas», «Muevan las industrias» o «El baile de los que sobran» en plena dictadura de Pinochet.

En julio de 1983 debutan en directo en el Liceo Miguel León Prado y ese mismo año conocen a Carlos Fonseca, que dirigía el sello independiente Fusión y que se convirtió en una especie de mentor/mánager para la banda. Al año siguiente ya son habituales del circuito *underground* y lanzan su primer trabajo, *La Voz de los '80*, un manifiesto de sonido crudo y directo editado inicialmente sólo en casete y tirada limitada hasta que en 1985 EMI firma un contrato con Fusión para distribuir el elepé por todo el país.

Por entonces eran ya un grupo reconocido pero el paso definitivo lo dieron con su segundo disco, *Pateando piedras*, el cual les abrió muchas puertas pero a costa de abandonar el rigor de sus inicios en aras de una sonoridad new wave mucho más electrónica y bailable. El resto, como se suele decir, es historia...

RATOS DE PORÃO

Podríamos afirmar que Ratos de Porão son, con permiso de Sepultura, la banda más internacional que ha dado Brasil en las últimas décadas, y tal vez la más longeva. Una carrera, la suya, que empieza en Sao Paulo en 1981 y que llega hasta nuestros días con una trayectoria que ha pasado por decenas de países tanto en América como en Europa, diversas formaciones –siempre con João Gordo como cantante y Jão a la guitarra como núcleo duro– y más de quince referencias en estudio, sin contar directos ni recopilaciones.

Moviéndose en el terreno del punk y el hardcore clásicos en un inicio, del que queda su debut *Crucificados pelo Sistema* (1984) como testimonio, pronto sumarán el trash metal de bandas clásicas como Slayer, Testament o Kreator a su propio sonido, convirtiéndose con *Descanse em paz* (1986) en pioneros y adalides del crossover.

Un estilo por el que transitarían durante casi una década antes de regresar al punk y hardcore de sus inicios con dos discos de versiones –uno de bandas brasileñas y el otro internacionales– titulados *Feijoada acidente?* (1995) y un tercero de material propio, *Carniceria tropical* (1997).

Hasta que en 2002 vuelven al crossover con *Onisciente coletivo*, duodécimo trabajo con el que encararon el nuevo milenio en una forma envidiable.

RECICLAJE

Al final de la década de los ochenta y principio de los noventa Venezuela fue barrida por una segunda oleada de bandas punk y hardcore, entre las que destaca, por méritos propios, Reciclaje.

Oriundos de Santa Teresa del Tuy, Romains (guitarra y voz), William (guitarra), Keiter (bajo) y Manolo (batería) fundan la banda en 1994 y la enmarcan en la pujante escena neopunk de la época. Se presentan en sociedad en la Casa de la Cultura a finales de ese mismo año, y al siguiente editan una primera casete homónima al tiempo que debutan en Caracas junto a otras bandas de la escena. A partir de ahí se multiplican público y oportunidades, hasta que en 1998 son invitados a tocar en un festival punk en Medellín, lo cual les abre más puertas si cabe, y les permite lanzar su primer CD, *¿Cuál Futuro?* (1999), ahora en formato trío con Douglas al bajo.

Algunos de sus temas aparecen ya en diversas recopilaciones internacionales y, con nuevos cambios en la formación, editan *Caretas* (2001), que les confirma en el podio del punk venezolano en el nuevo milenio, posición refrendada por docenas de nuevos conciertos dentro y fuera del país, así como por el lanzamiento de su tercer trabajo –*Excomulgado*– en 2008.

OS REPLICANTES

Wander Wildner recordaba no hace mucho que «la idea no era hacer una carrera: tres amigos y una amiga se propusieron hacer la banda porque no había nada para hacer en Porto Alegre, porque la música en la radio era una mierda». Así nació Os Replicantes, una de las bandas pioneras del rock gaúcho, término usado para referirse a los grupos del estado brasileño de Rio Grande do Sul. En su capital, cuatro jóvenes músicos –Wander Wildner (voz), Cláudio Heinz (guitarra), Heron Heinz (bajo) y Carlos Gerbase (batería)– graban en 1984 un primer single y un EP de cuatro temas que editan en su propio sello, Vórtex. Se empiezan a hacer un nombre por todo el país, fichan para RCA y en 1986 publican *O Futuro é Vórtex*. Gracias al tema «Surfista Calhorda», que se convierte en un *hit*, pueden volver al estudio casi de inmediato para su segunda entrega, *Histórias de sexo e violência* (1987).

Su fama crece y su punk rock madura pero en 1989, tras apenas un par de conciertos en la gira de presentación de su tercer disco, *Papel de Mau* (1989), Wander deja el grupo. Gerbase toma su puesto y graban *Andróides sonham com guitarras elétricas* (1991). Una década después Wander retornaría para el disco *Go Ahead* (2003) y una primera gira por Europa, pero en 2006 abandonaría definitivamente la banda, que sigue adelante sin él, convertida en todo un referente del punk brasileño.

LOS SAICOS

En el Perú de 1964 cuatro chavales limeños crearon una serie de canciones imbuidas de sonido surf y garage, interpretadas con una fiereza tal que hicieron que se los haya reconocido posterior y unánimemente como precursores del punk a nivel mundial. Fueron pioneros, además, en componer y grabar su propio material en una época y latitudes en que lo habitual eran las versiones de allende los mares. Erwin Flores y Rolando Carpio no pretendían combatir el sistema con sus canciones, lo suyo eran más bien inquietudes artísticas de clase media-alta traducidas en una energía desconocida por aquel entonces.

Y aunque ellos bromean diciendo que no se reconocen como protopunk, pero que jamás van a reconocerlo en público, lo cierto es que los seis singles (su único legado discográfico) que editaron entre 1965 y 1966 –reeditados junto a sus correspondientes caras B por el sello madrileño Munster en 2010– sí muestran, aunque en estado embrionario, esa fuerza y esa actitud que volveríamos a encontrar más de una década después en Estados Unidos e Inglaterra.

Canciones tan salvajes como «Demolición», «Camisa de fuerza» o «El entierro de los gatos» resultan aún más sorprendentes a día de hoy cuando leemos que no escuchaban –como cabría suponer– a The Sonics o The Kingsmen, sino que su ídolo era Elvis. «Si yo gritaba era porque no sabía cantar» reconoce Erwin, divertido. Reformados en 2006, continuaron ofreciendo *shows* de forma esporádica.

SEGURIDAD NACIONAL

La Seguridad Nacional –nombre tomado del cuerpo represivo que operó en Venezuela durante la dictadura de Marcos Pérez Jiménez en los años cincuenta– pueden considerarse los fundadores de la escena punk (y de paso de la new wave y del hardcore) venezolana. Se sabe de ellos desde 1979, pero la formación definitiva llegó en 1984 con el ex Sky White Meditation Gustavo Corma a la guitarra, Juan Bautista López *Yátu* al bajo y Abraham *Cangrejo* García a las baquetas.

Tres punkies de pura estirpe que, desde su debut en el Poliedro de Caracas junto a los no menos míticos Sentimiento Muerto, se ganaron fama de tipos rudos y conflictivos, lo cual les cerró no pocas puertas en el mundillo. Una lástima, porque musicalmente sabían muy bien lo que hacían; basta escuchar «Vampiro» o «Uñas asesinas», dos de sus temas más emblemáticos, para corroborarlo.

En 1991 consiguen editar su primer trabajo, *Documento de Actitud*, pero apenas tres años después deciden finiquitar el grupo. Una reunión entre Cangrejo y Yátu en 2005, que dejó el imprescindible recopilatorio *La Seguridad Nacional 1983-1993*, y una segunda en 2013 ya con la banda al completo los mantiene todavía vivitos y coleando.

TODOS TUS MUERTOS

Todos Tus Muertos, comúnmente abreviado como TTM, saltaron a la palestra del punk argentino en 1985. Fidel Nadal (voz), Cristian Ruiz (batería), Félix Gutiérrez (bajo) y Horacio *Gamexane* Villafañe (guitarra), estos dos últimos provenientes de Los Laxantes, banda seminal del punk porteño, no tenían en principio una idea como banda fija sino que se dejaban llevar en el marasmo de la escena.

Pero ello no impidió que tras una demo –«Noche agitada en el cementerio»– en 1986, su mánager Poppy Manzanedo les consiguiera un contrato con RCA para que editara su debut homónimo en 1988. Un disco que no renegaba del punk pero en el que empezaba a detectarse su gusto por el reg-

gae y que, aún con su tono general oscuro y sombrío (de hecho le dedican el trabajo a Edgar Allan Poe), sus ataques a la dictadura y su innegable calidad hizo que parte de crítica y público alzara la ceja al ver el logo de una multinacional, anatema muchas veces para el punk sin concesiones.

Empiezan a alejarse del punk y el hardcore con su segundo álbum *Nena de Hiroshima* (1991) antes de consagrarse definitivamente con *Dale aborigen* (1994), un disco repleto de invitados de postín (de Manu Chao a Fermín Muguruza o Los Fabulosos Cadillacs) en el que sobre un sustrato punk se solapan capas de reggae, hip-hop y hardcore y con el que logran salir al exterior, con *shows* en México y Estados Unidos. Un directo –*Argentina te asesina* (1995)– y dos nuevos trabajos –*Subversiones* (1996) y *El camino real* (1998) preceden a la separación de la banda en el año 2000. Una reunión con Félix y Horacio en 2004 propició una serie de conciertos hasta la prematura muerte de Gamexane en 2011 y una eventual vuelta con Fidel en 2016.

LOS VIOLADORES

En 1979 un joven llamado Pedro Braun, alias Hari-B, regresaba a Buenos Aires de unas vacaciones europeas con parada en Londres, de las que se trajo una buena colección de álbumes de punk recién calentitos. Guitarrista en ciernes, monta primero Los Testículos, nombre que cambiarán a Los Violadores (de la Ley, cabe especificar) en 1981. Habituales de bares y reductos alternativos, el cuarteto formado por Hari, Enrique Chalar alias Pil Trafa

como cantante, Gustavo *Stuka* Fossá al bajo y Sergio Gramática a la batería logra editar su primer disco, homónimo, en 1983. Siendo Stuka un guitarra competente, fichan a Robert *Polaco* Zelazek para las cuatro cuerdas y se mantienen como quinteto un tiempo, hasta que Hari-B abandona el grupo.

Presentándose por aquel entonces como Los Voladores (censura obliga) y con una postura –obviamente– en contra de la dictadura, reflejada en temas de su debut como «Represión», logran un primer éxito gracias al tema «Uno, dos, ultraviolento», incluido en su segundo trabajo *¿Y ahora qué pasa, eh?* (1985), consagrándose tanto en Argentina como en países vecinos con *Fuera de sektor* al año siguiente, ya con un sonido más afterpunk.

Vuelven por sus fueron con *Mercado indio* (1987) e *Y que Dios nos perdone* (1989), pero problemas con el mánager hacen que la banda empiece un cierto baile de integrantes, que se mantendrá en hiatos y reuniones desde mediados de los noventa en adelante.

Ello no ha impedido que sigan editando buen material hasta la fecha, con especial mención a *Lo mejor de Los Violadores* (2002), en el que se versionan a sí mismos actualizando un cancionero que ya es historia del punk argentino.

50 DISCOS ESENCIALES EN LA HISTORIA DEL PUNK

A continuación, y dado que la música como mejor se entiende es escuchándola, se incluye una lista de cincuenta discos esenciales del punk y sus afluentes. Ordenados cronológicamente, estos álbumes han sido seleccionados con la participación de Manel Celeiro de *Ruta 66*, Xavi Martínez de *Rock On*, Joan S. Luna de *Mondosonoro*, Manuel Beteta de *Ruta 66*, Jordi Meya de *Rockzone*, Dani Rutas del programa *Rutas Enemigas* y Pablo Rodríguez del foro Azkena Rock. Además, se han utilizado las listas de mejores discos de la historia del punk publicadas por revistas especializadas como *Kerrang*, *Rolling Stone*, *Loudwire* y *ThoughtCo*. Y, para finalizar, por supuesto, se ha tenido en cuenta la opinión de los autores de esta guía.

THE STOOGES - Fun House
1970. Elektra Records
El sueño hippy convertido en pesadilla. La puerta de entrada a los setenta, un disco fabricado a base de nihilismo, sudor y drogas duras. No sólo el álbum definitivo del llamado protopunk, sino uno de los mejores discos de la historia del rock.

NEW YORK DOLLS - New York Dolls
1973. Mercury
Producido por Todd Rundgren, el debut de Johnny Thunders y sus muchachos inspiró a adocenas de artistas, abriéndoles los ojos a una nueva concepción del rock aún más sucia y lasciva. Una colección que no incluya este disco no puede tildarse de tal.

PATTI SMITH - Horses
1975. Arista Records
Con su primer disco, Patti Smith daba carta de presentación a toda la pandilla que, desde el CBGB, andaba perpetrando un nuevo concepto del rock underground. La influencia del álbum trascendió el punk, llevando sus tentáculos al postpunk y el rock alternativo.

RAMONES - Ramones
1976. Sire Records
«Blitzkrieg Bop», «Beat on the Brat», «Judy is a Punk», «Now I Wanna Sniff Some Glue», «53rd & 3rd»… la lista de clásicos en el primer disco de los Ramones causa vértigo. El disco con el que cientos de jóvenes decidieron montar su propia banda.

SEX PISTOLS - Never Mind the Bollocks
1977. Warner
La Biblia, el Corán, el Talmud, la Bhagavad Gita del punk. Si hay un disco sagrado, una piedra de toque indiscutible en el género, es el primer y único disco de los Pistols. Doce esputos de bilis escupidos a favor del viento.

THE DAMNED - Damned, Damned, Damned
1977. Stiff Records
El primer disco punk como tal editado en el Reino Unido es considerado unánimemente una de las referencias ineludibles para entender qué se estaba cociendo en el Londres del 77. Tal vez no sea su álbum más redondo, pero sí el más representativo.

DEAD BOYS - Young Loud and Snotty
1977. Sire Records
Grabado en los estudios Electric Lady de Nueva York, el primer trabajo de Stiv Bators y compañía es uno de los discos clásicos de punk que mejor ha aguantado el paso del tiempo. *Rolling Stone* lo incluyó en el puesto siete de su lista *10 Greatest Punk Rock Albums*.

RICHARD HELL & THE VOIDOIDS - Blank Generation
1977. Sire Records
Con el tema que titula el disco como mascarón de proa y declaración de principios, el debut de Richard Hell con los Voidoids permanece a día de hoy como uno de los títulos inevitables para pasar el examen de primero de punk.

THE BOYS - The Boys
1977. NEMS
Otro título básico para entender la Inglaterra de finales de los setenta. «First Time», «I Don't Care» o la versión del «I Call Your Name» de los Beatles definen por sí solos una época y un sonido imbuido de punk y power pop.

WIRE - Pink Flag
1977. Harvest Records
Un tanto incomprendido en el momento de su aparición, el primer álbum de los londinenses fue ganando aceptación crítica con el tiempo, reconociéndose a día de hoy como uno de los más influyentes discos de la primera hornada punk.

THE SAINTS - (I'm) Stranded
1977. EMI
El disco de punk australiano por antonomasia, facturado por dos de los músicos más lúcidos del estilo: Chris Bailey y Ed Kuepper. Tan agresivo y dislocado como inteligente y elegante, un debut de los que hacen historia.

THE HEARTBREAKERS - L.A.M.F.
1977. Track Records
L.A.M.F vendría a ser para Estados Unidos lo que *Nevermind The Bollocks* para el Reino Unido; el disco que compendiaba de manera magistral todo lo apuntado en años anteriores, cristalizándolo en una joya sin desperdicio.

THE STRANGLERS - No More Heroes
1977. EMI
El segundo álbum de los de Guildford los muestra en uno de los mejores momentos de su carrera. Llevando varios pasos más allá lo apuntado en su primer trabajo, *No More Heroes* llegó al número 2 en las listas de álbumes inglesas, manteniéndose en los *charts* durante meses.

THE ADVERTS - Crossing The Red Sea With The Adverts
1978. Bright Records
Aunque editado casi un año después que otros clásicos del punk, la consideración de tal para *Crossing the Red Sea with The Adverts* no puede discutirse. Una maravilla de principio a fin que merecería mucho más reconocimiento popular.

DICTATORS - Bloodbrothers
1978. Asylum
Tras un notable debut y un segundo intento fallido, a la tercera los neoyorkinos lo clavaron. *Bloodbrothers* es la banda sonora perfecta para la mugrienta y excitante alcantarilla que era NYC a finales de los setenta.

X-RAY SPEX - Germfree Adolescents
1978. EMI
Una de las formaciones más efímeras y olvidadas del punk, pese a haber facturado uno de los sencillos definitivos del 77 -«Oh Bondage Up Yours!»- y un álbum, el que nos ocupa, no menos importante. A reivindicar.

THE CLASH - London Calling
1979. CBS
Todo lo que se pueda decir de esta doble obra maestra sería poco. Punk, reggae, rockabilly, pop, soul, ska... todos los estilos que se quiera y más en una colección de canciones sencillamente perfecta. Obligatorio.

BUZZCOCKS - Singles Go Steady
1979. I.R.S.

Si el punk usó el single como su formato favorito, Buzzcocks lo elevaron a la categoría de arte. Y por ello esta recopilación de sus primeros siete pulgadas editada como carta de presentación para el público yanqui es una antología sin desperdicio.

STIFF LITTLE FINGERS - Inflammable Material
1979. EMI

El soundtrack perfecto para el Ulster de finales de los setenta, una pequeña sinfonía en trece temas que exudan hastío, violencia y represión. Un disco que demuestra que el cabreo, muchas veces, genera grandes canciones.

DEAD KENNEDYS - Fresh Fruit for Rotting Vegetables
1980. Alternative Tentacles Records

Inaugurar una carrera con un pepinazo como este está al alcance de muy pocos. Tal vez su disco más conocido, del que se extrajeron algunos singles -«California Über Alles», «Holiday in Cambodia», «Kill The Poor»-que serían obligados en su repertorio a partir de entonces.

X - Los Angeles
1980. Slash Records

Producido por el ex teclista Ray Manzarek, de los Doors (de quienes versionarán «Soul Kitchen» en el disco), Los Angeles es uno de los discos que mejor define la escena punk angelina de la época, y como tal fue reconocido desde el mismo momento de su edición.

X - X-Aspirations
1980. Amphetamine Reptile Records

X-Aspirations, o simplemente *Aspirations*, fue grabado en 1979 en el transcurso de una sola tarde en los estudios Trafalgar de Sídney. Cinco horas que dieron como resultado un pequeño clásico, tras cuya edición la banda se disolvería.

BLACK FLAG - Damaged
1981. SST Records

El primer larga duración de Black Flag es una obra capital tanto para la banda en su momento, como para comprender los orígenes y el devenir del hardcore que reinaría durante buena parte de los ochenta en Estados Unidos.

BAD BRAINS - Bad Brains
1982. ROIR
Editado originalmente sólo en formato casete (de ahí que se le conozca también por el título de *The Yellow Tape*), el debut de Bad Brains se convirtió en todo un manifiesto de la peculiar mezcla de hardcore y reggae que los caracteriza.

THE UNDERTONES - The Undertones
1979. Sire Records
Lanzado en mayo de 1979 y reeditado en octubre del mismo año, la segunda versión consigue mejorar lo que ya era un grandísimo disco *per se* gracias a la inclusión del exitoso single «Teenage Kicks».

DESCENDENTS - Milo Goes to College
1982. New Aliance Records
El primer larga duración de los Descendents es también su disco más reconocido y también el que nos introduce en un personaje, Milo, y una iconografía que va a marcar el resto de trabajos de su carrera. Hardcore punk acelerado y melodía para canciones de amor universitario y chulesco.

THE MISFITS - Walk Among Us
1982. Ruby Records
También un debut, aunque habían grabado *Static Age* en 1976, que no fue publicado hasta 1997. Glenn Danzig y los suyos en uno de sus mejores momentos (o el mejor) dándolo todo en 13 canciones soberbias.

MINOR THREAT - Out of Step
1983. Dischord Records
Único álbum en estudio del grupo que aquí ya ha perdido el mensaje político de sus inicios pero, en cambio, ha ganado en madurez y empaque. Pitchfork Media lo escogió como uno de los 100 mejores discos de la década.

MINUTEMEN - Double Nickles on The Dime
1984. SST Records
El tercer y casi inabarcable disco de los de San Pedro (L.A.) se marcha hasta las 45 canciones, con momentos para el funk, el jazz,y hasta el country. Esta vez fue *Rolling Stone* la que lo incluyó en su lista de mejores 500 discos de todos los tiempos.

HUSKER DU - Zen Arcade
1984. SST Records
Es difícil acabar de discernir si Husker Du es una banda de punk o no, pero este álbum, desde luego, tiene ingredientes de punk, hardcore punk, rock alternativo, posthardcore y hasta noise rock. David Frickle lo definió en *Rolling Stone* como «una especie de Quadrophenia trash».

THE POGUES - Rum, Sodomy, and the Lash
1985. Warner
Una de las cumbres del celtic punk es el segundo trabajo de Shane Mac-Gowan y sus chicos. Rabia punk y tradición mezclada con maestría. No se pierdan los créditos: produce Elvis Costello.

THE CRAMPS - A Date With Elvis
1986. New Rose
Si hay que explicar en las escuelas como se mezcla el rockabilly y el punk rock, lo mejor será callarse y pinchar el tercer disco de Lux Interior y Poison Ivy. No harán falta palabras.

BAD RELIGION - Suffer
1988. Epitaph
Difícil quedarse con un disco de Bad Religion. Por eso hemos optado por el que supone el reencuentro entre sus miembros originales. Por eso y porque es bueno de narices, además de una definición perfecta del hardcore melódico.

NOMEANSNO - Wrong
1989. Alternative Tentacles Records
El que para muchos es el mejor álbum de la banda canadiense es este, su cuarto trabajo. Muchos hablan de él como la perfecta unión entre el punk y la rotundidad del heavy metal.

HARD-ONS - Yummy!
1990. Festival Records
Una leyenda no sólo del punk australiano sino de la escena mundial. El disco que los llevó a tener presencia en las listas de éxitos. Su grandeza se entiende mejor escuchando su reedición, diez años después de haberse editado, aprovechando para ser remasterizado.

ROLLINS BAND – The End of Silence
1992. Imago Records
Diez canciones que ponen sobre la mesa quiénes eran Rollins Band y quién era su cantante Henry Rollins. Para la revista hispana *Rock De Lux* fue disco del año, algo que también sucedió en la alemana *Sounds* y la inglesa *Select*.

NOFX – White Trash, Two Heebs and a Bean
1992. Epitaph
Cuarto disco de la banda y Fat Mike y los suyos a pleno rendimiento. Se atreven incluso con una versión de Minor Threat. Rompepistas y rompelistas.

GREEN DAY – Dookie
1993. Reprise
El disco que puso a Green Day en el mapa, empezando por la mayoría de las pistas de baile del mundo rockero. La culpa la tuvo «Basket Case» y su pila de acompañantes. Fue nada menos que el primer disco de diamante del grupo.

NEW BOMB TURKS – Destroy-Oh Boy!!
1993. Crypt Records
Primer disco y, claro está, primer bofetón en todo el jeto. Una maravilla de disco que el grupo no logró superar en toda su carrera. Si pueden escuchen la versión con descartes como el «Summer Romance» de los Rolling Stones. Ése es el nivel.

DEMOLITION 23 – Demolition 23
1994. Music For Nations
La banda formada por Michael Monroe antes de Hanoi Rocks, y el guitarrista Jay Hening sólo publicó este disco, pero vaya disco. Producido por Little Steve Van Zandt, miembro de la E Street Band de Springsteen es una muestra de glam punk elevado al cubo.

THE OFFSPRING – Smash
1994. Epitaph
Insuperable. Le avalan sus seis discos de platino. Crítica y público puestos de acuerdo para señalar uno de los álbumes básicos de los noventa.

RANCID - ... and Out Come the Wolves
1995. Epitaph

Hay quien habla del tercer disco de Rancid como el mejor álbum de punk rock de la historia, y ciertamente no es una exageración. Diecinueve piezas sin descanso. El *London Calling* de los noventa.

SOCIAL DISTORTION - White Light, White Heat, White Trash
1996. Epic

Otro grupo que merecería más de un disco en esta lista, aunque hemos seleccionado para ilustrar su carrera su quinto trabajo. Fue el último que Mike Ness y los suyos lanzaron para Epic.

D GENERATION - No Lunch
1996. Columbia

Sangre fresca. Eso es lo que supusieron Jesse Malin y los suyos cuando a mediados de los noventa lo pusieron todo patas arriba con este segundo disco producido por Rick Ocasek (The Cars)

SLEATER-KINNEY - Dig Me Out
1997. Kill Rock Stars

El tercer disco de Sleater-Kinney supone el debut de su actual batería, Janet Weiss. Un cambio que les fue muy bien porque supuso que grabaran su mejor disco. Que Corin Tucker estuviera muy inspirada en las tareas vocales tiene mucho que ver con eso.

REFUSED - The Shape of Punk to Come
1998. Burning Heart Records

¿Un disco de punk con canciones de ocho minutos? Pero ¿esto qué es? Pues es el tercer trabajo de Refused y por unanimidad está en esta lista.

TURBONEGRO - Apocalypse Dudes
1998. Boomba Records

Una muestra de cómo se puede ir picoteando de todo el mundo y acabar haciendo un gran disco. Un poco de Alice Cooper, algo de Dead Boys, Ramones, Kiss o Motörhead, y lo tienes.

SUPERSUCKERS - The Evil Powers of Rock & Roll'
1999. Entertainment One Music
Quinto disco de Eddie Spaghetti y su corte. La mejor banda de rock and roll del mundo merecía un disco como este. Por los poderes malvados.

THE BRONX - The Bronx
2003. Ferret Records
Espléndido debut de un grupo que ha sabido mantener el nivel disco a disco. Ideal para aquellos que a inicios de este siglo seguían con la cantinela de que el punk ha muerto. Verás cómo cierran la boca tras su escucha, verás.

GALLOWS - Orchestra for Wolves
2006. Epitaph
Una ración de hardcore punk y algo de aderezo en forma de celtic. Ésa es la receta y *Orchestra of Wolves* el resultado final. Con un buen emplatado además. Sabe rico, rico.

CONCIERTOS PARA LA HISTORIA

Sex Pistols
Manchester Free Trade Hall, 4 de junio de 1976
El concierto más mítico, el kilómetro cero del punk, al que por declaraciones posteriores, acudió hasta el último mono. La cruda verdad es que el público no pasaba de las cien personas, pero sí parece acreditada la presencia de futuros miembros de Joy Division, The Fall y los Buzzcocks.

Ramones
Londres, Roundhouse, 4 de julio de 1976
El show que puso el punk en boca de todo el mundo, de la mano de los cuatro cenutrios neoyorkinos. Cuenta la leyenda que esa noche, en los lavabos del Roundhouse, se conocieron Spider Stacy y Shane MacGowan, con los Pogues en lontananza.

The Damned
Finchley, Manor Hill School, 19 de noviembre de 1976
Anunciado como Punks at The High School, un triple cartel de leyenda con The Damned teloneados por Slaughter & The Dogs e Eater. Cuentan las crónicas que el conserje de la escuela vendió vasos de zumo de naranja a cinco peniques. Otros tiempos.

The Clash
Londres, Rainbow Theatre, 9 de mayo de 1977
La primera gira del punk a nivel nacional, el mítico White Riot Tour, con unos Clash absolutamente desatados escupiendo todos sus primeros clásicos y una audiencia fuera de sí, arrancando cientos de butacas y lanzándolas al escenario.

Sex Pistols
Londres, River Thames Jubilee Boat Cruise, 7 de junio de 1977
Prohibidos hasta en la última sala de Londres, los Sex Pistols celebraron el jubileo de la Reina Isabel II con un bolo a bordo de una barcaza en el Támesis que fue interrumpido por la policía, la cual arrestó a Richard Branson y Malcolm McLaren.

Cockney Rejects
Birmingham, Cedar Club, 6 de junio de 1980
Tan famosos como adalides del street punk como por su filiación al West Ham FC, su concierto en un pub de Birmingham se vio inundado por seguidores del Birmingham City y el Aston Villa. La batalla campal que aconteció regó de sangre la sala.

Bad Brains
CBGB, Nueva York, 25 de diciembre de 1982
La banda insignia del hardcore punk reggae desplegando todo su potencial en unos shows teloneados nada menos que por Minor Threat y el primer grupo de Adam Horovitz's de los Beastie Boys, The Young and the Useless. ¿Cuánto pagarías por estar allí?

20 PELÍCULAS FUNDAMENTALES

FILMOGRAFÍA BÁSICA

The Blank Generation
(Ivan Kral & Amos Poe, 1976)
Una auténtica delicia la union de cintas caseras que nos muestra la formación de la escena punk neoyorquina antes de que sus estrellas se convirtieran en iconos. Blondie, Ramones, Richard Hell, Television…

R'n'R High School
Allan Arkush, 1979
Comedia musical producida por Roger Corman, en la que intervinieron los Ramones al completo. Corman había pensado originalmente en Todd Rundgren o Cheap Trick pero ante la imposibilidad de estos, contactó con los Ramones a sugerencia de uno de los actores, Paul Bartel.

The Decline of Western Civilization
Penelope Spheeris, 1980
Uno de los clásicos cinematográficos del documental punk son los cien minutos de *El declive de la civilización occidental*, que nos traen a nuestra pantalla a nombres como Black Flag, Circle Jerks o Germs.

The Great Rock 'n' Roll Swindle
Julien Temple, 1980

Centrada en la carrera de los Sex Pistols se grababa este falso documental que recoge la vida del grupo en el lapso de tiempo que transcurre entre la renuncia de Johnny Rotten y el final definitivo de la banda.

D.O.A.: A Rite of Passage
Lech Kowalski, 1981

Con la gira estadounidense de los Pistols en 1978 como eje principal, el film traza un recorrido sobre los años álgidos del punk, incluyendo actuaciones de los Dead Boys, Generation X, the X-Ray Spex o Sham 69.

Sid y Nancy
Alex Cox, 1986

Biopic sobre Sid Vicious, el segundo bajista de los Sex Pistols, que narra su corta vida y su relación con la groupie y más tarde pareja Nancy Spungen. Protagonizada por Gary Oldman y Chloe Webb.

X: The Unheard Music
W.T. Morgan, 1986

Veinticinco años tardó en estar disponible en DVD este documental que repasa la carrera de la banda integrada por John Doe, Exene Cervenka, D.J. Bonebrake, Billy Zoom y, de paso, nos lleva de viaje por toda la escena angelina del punk-rock.

Hated: GG Allin and The Murder Junkies
Todd Phillips, 1993

Actuaciones en directo, entrevistas y apariciones en programas de televisión como The Jerry Springer Show, así como imágenes de Allin con el asesino en serie, John Wayne Gacy (sin acreditar). Una visión notablemente lúcida de la vida y obra de un lunático extremo.

The Clash: Westway to the World
Don Letts, 2000

Biografía de The Clash en formato clásico, combinando imágenes de archivo con entrevistas durante el rodaje tanto a los miembros de la banda como a personas relacionadas con ella de un modo u otro.

The Filth and the Fury
Julien Temple, 2000
El auge y caída de los Sex Pistols narrado de nuevo por Julien Temple, pero en esta ocasión desde el punto de vista de los miembros del grupo, al contrario que en The Great Rock 'n' Roll Swindle, vehículo al servicio de su mánager Malcolm McLaren.

End of The Century
Michael Gramaglia, 2004
Los Ramones merecían un documental como este. Casi dos horas para entender la importancia de los neoyorquinos, sin dejar de lado sus muchas luchas internas.

American Hardcore
Paul Rachman, 2006
No se puede pretender hablar de la escena hardcore punk sin haber visto antes esta película. Con una banda sonora que recoge lo mejor del género, nos sitúa en todo lo que pasó entre 1978 y 1986.

What We Do is Secret
Rodger Grossman, 2007
Biografía de Darby Crash, figura fundamental del punk de Los Ángeles. La película documenta la carrera de su banda, Germs, haciendo especial hincapié en su misterioso «plan quinquenal» y su adicción a la heroína, hasta su suicidio en 1980.

Joe Strummer: The Future is Unwritten
Julien Temple, 2007
Uno de los grandes directores del documental musical se mete en la difícil tarea de aclarar lo que ocurría en la mente del líder de The Clash. Con declaraciones de gente como Flea, Martin Scorsese, Jim Jarmush o Bono, de U2.

Punk is not Dead
Susan Dynner, 2007
Un auténtico homenaje a toda una era estrenada en el 30 aniversario de la considerada gran explosión punk del 77. Desde hardcore punk a pop punk.

Venid a las cloacas: La historia de la Banda Trapera del Río
Daniel Arasanz, 2010
Material de archivo y entrevistas a músicos, periodistas y allegados de La Trapera para el retrato de toda una época en los suburbios de Barcelona, de la mano de una de las bandas más insobornables del punk nacional.

CBGB
Randall Miller, 2013
El famoso local de Hilly Kristal en Nueva York y su conversión de local blues y country a epicentro de la escena *underground* que se formó en torno a él a mediados de los setenta de la mano de Television, Ramones, Blondie o Heartbreakers, entre otros.

The Punk Singer
Sini Anderson, 2013
No son habituales los documentales sobre punkies femeninas, por eso hay que destacar (y además por su gran calidad) esta cinta que repasa la vida de Kathleen Hanna, líder de Bikini Kill, y pionera del movimiento riot grrrl.

Looking for Johnny
Danny García, 2014
Documental sobre el padrino del punk neoyorkino, desde su infancia pasando por los New Yord Dolls, los Heartbreakers y su carrera en solitario, al tiempo que traza una visión del punk en la Gran Manzana.

Gimme Danger
Jim Jarmush, 2016
Y si decíamos que los Ramones debían tener un documental como Dios manda, The Stooges, uno de los grupos seminales del cotarro por excelencia no podían ser menos. La película llegó incluso a ser emitida en el Festival de Cannes. Toma punk.

BIBLIOGRAFÍA

MCNEIL, LEGS Y MCCAIN, GILLIAM, *Por favor, mátame. Una historia oral del punk*, Libros Crudos, 1996.

SPITZ, MARC Y MULLEN, BRENDAN, *Tenemos la bomba de neutrones, la historia nunca contada del punk de Los Ángeles*, Munster, 2001.

SAVAGE, JON, *England's dreaming, Los Sex Pistols y el punk rock*, Reservoir Books, 2017.

AZERRAD, MICHAEL, *Nuestro grupo podría ser tu vida: Escenas del indie underground norteamericano 1981-1991*, Contra, 2013.

LLANSAM, JORDI, *Harto de todo, una historia oral del punk de Barcelona 1979-1987*, BCore, 2011.

MUNIESA, MARIANO, *Punk Rock, Historia de 30 años de Subversión*, T&B Editores, 2007.

GONZÁLEZ LEZANA, TOMÁS, *Punk, pero ¿qué punk?*, La Fonoteca, 2016.

GENDRE, MARCOS, *La distorsión inteligente. Posthardcore: La reinvención del punk*, Quarentena Ediciones, 2014.

ALFONSO, JOSÉ ANTONIO, *Hasta el final: 20 Años de Punk en España*, Zona de obras, 2001.

MARCUS, GREIL, *Escritos sobre punk, 1977-1992: En el baño del fascismo*, Paidós, 2013.

BLUSH, STEVEN, *American Hardcore: A Tribal History*, Feral House, 2001.

RAMONE, JOHNNY, *Commando: autobiografía de Johnny Ramone*, Malpaso, 2013.

PARKER, ALAN, *Sid Vicious. El icono salvaje del punk*, Robinbook, 2009.

STRONGMAN, PHIL, *La historia del punk*, Robinbook, 2008.

PLAYLIST

A través del siguiente enlace o código Qr puedes escuchar 150 clásicos del punk seleccionados expresamente por los autores. **https://spoti.fi/2MYKzWo**

Próximamente...

La reina del Punk

Susana Hernández

La extraña, enigmática y sorprendente historia de Sid y Nancy.

¿Qué ocurrió realmente entre el rockero punk y la musa de Sex Pistols?

Una novela que trata de descubrir el misterio tras la muerte la reina del punk, Nancy Spungen.

La historia que ha dado origen a un misterio y también a una de las leyendas del rock que ha inspirado películas y documentales de fuerte impacto como *¿Quién mató a Nancy?*, de Alan G. Parker o *Sid and Nancy* del director Alex Cox.

Edición conmemorativa 1978/2018

Publicación: Octubre 2018

Vintage

Grégoire Hervier

Un joven guitarrista apasionado por los instrumentos musicales tiene la misión de entregar una antigua guitarra a un excéntrico coleccionista inglés. Este le encarga una misión increíble: encontrar el prototipo de una guitarra mítica, misteriosa y maldita...

La novela más impactante del Rock, Rhythm & Blues. Acción y suspense a ritmo de Blues. *Bestseller* absoluto en Alemania con más de 30.000 ejemplares vendidos. Ningún aficionado al Blues podrá dejar de leer esta sorprendente novela. Un thriller con abundantes sorpresas y muchísimas historias y anécdotas del Rock y el Blues.

Publicación: Febrero 2019